雄伟壮观的克诺索斯城是和谐与富庶的象征。
一个彪悍强大却又性情温和的民族就居住在这里。
整座城市色调明快、整洁有序、朝气蓬勃。
建筑风格深受埃及影响，朴实无华，
充满伊特鲁里亚人特有的人情味。
结构严谨，布局巧妙，仿佛出自印加时期的能工巧匠之手。
尽管我不敢十分肯定，但我确实强烈地感觉到，
在漫长岁月中，这座城市曾经历一段繁荣的和平时期。
我在凭吊其他历史遗址时，很少有这样的冲动。
克诺索斯城又是那样的普通和平凡，
宛如教堂里传出的风琴声，然而演奏技巧十分高明，
整首曲子的基调流畅欢快，令人赞叹不已。
人们觉得，克诺索斯人似乎是为了生活而生活，
并无明确的人生目标。他们从不迷恋过去，
也不拘泥于传统。他们也信奉神明，
但有适合自己的独特生活方式，
尽可能地享受现有的一切，
从稍纵即逝的每一瞬间，汲取生活的甘露。

亨利·米勒

《马鲁西巨人》

A

B

目 录

希腊的诞生

灿烂的古典文明

[法] 皮埃尔 · 莱韦克塔　著
王鹏 / 陈祚敏　译

吉林出版集团股份有限公司 | 全国百佳图书出版单位

公元前2000年左右，
希腊人的祖先首次踏上希腊这片土地。
当地的社会结构随之发生剧烈变化。
经过几个世纪的动乱、破坏与灾难，
壁垒森严的宫殿和富丽堂皇的陵墓，相继拔地而起。
这些迈锡尼（Mycénes）文化鼎盛时期的杰作，
充分反映了希腊青铜时代的繁荣，以及精湛的建筑艺术。
由此显示，在这个重商、尚武的民族，
神话与历史互相纠缠，
宗教信仰渗透到生活的各个层面。

第一章
灿烂的青铜时代

神话中的英雄人物赫拉克勒斯（左页图）和宙斯（右图），欲恢复混沌世界的秩序。他们强壮的体魄和矫健的身手，确实是美的视觉飨宴。

与东方一些地区相比，希腊的农业和畜牧业出现较晚。大约在公元前6000年，来自小亚细亚的移民，为希腊带来了新石器时代的耕作技术及饲养牲畜的技术。希腊人很快就掌握了这些技术。后来，他们在肥沃的色萨利大平原上，逐步建立起组织严密的城邦。

直到公元前2600年左右，希腊人才学会铸造铜器。由于当地没有锡矿，铜矿也很少，因此冶炼青铜所需的这两种原料，均来自地中海东部地区。冶炼业的兴起，大大改进了农具和兵器，从而推动农业生产的迅速发展，但同时也使战争变得更加频繁。青铜时代初期（公元前2600—前2000），聚落开始形成。位于阿尔戈斯湾附近的勒纳，是当时贸易较为发达的地区。传说中的九头怪物许得拉，就是在那里被赫拉克勒斯杀死的。人们已在勒纳发掘出这一时期的城池遗址。房屋结构简陋，仍保留史前的式样，看上去就像妇女的发夹，呈U形。但为了抵御外侮，居民们不惜耗费巨大的人力和物力，在城的四周筑起坚固的围墙，是为卫城，城中心有一座雄伟的瓦房，正是君主居住的宫殿。他在宫殿里发号施令，统辖全城。其实，旧青铜时期的希腊，还没有真正的希腊人。要到公元前2000年，即青铜时代中期开

锋利的青铜兵器（左图），上面刻有各种装饰性图案。

克里特人制作的双面斧（上图），既是受男子青睐的武器，又是神庙中的摆设。

始时，首批希腊人才来到这里。他们是印欧人种的一个分支。历史上，印欧民族不断北上，逐渐向喀尔巴阡山脉和乌拉山脉之间的欧罗巴大草原迁移，分别在欧洲及亚洲一部分地区定居，形成了印欧文化和语言。公元前2000年，印欧人首次踏上希腊这块土地——这是人类历史上一个重要的里程碑。

这些后来被人类学家称为爱奥尼亚人的印欧移民，给希腊带来的却是动乱和破坏。象征权力的宫殿毁于战火。陵墓内精美的陪葬品被洗劫一空。当时，只有希腊的克里特岛免遭此厄运。随着爱奥尼亚人的迁移，印欧人的宗教也传

色萨利大平原土地肥沃，物产丰富。早在新石器时代初期，人类的祖先便居住在此。在迪米尼，考古学家发现一座防御设施完善的宫殿，以及许多巨大的陵墓。下图为新石器时期修造的一个墓穴。

入希腊。但这种宗教只注重规范神与人之间的关系，以及人际关系，对居民的疾苦漠不关心。几个世纪后，希腊才慢慢摆脱这些移民造成的野蛮状态。

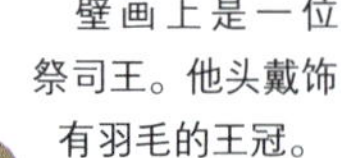

壁画上是一位祭司王。他头戴饰有羽毛的王冠。

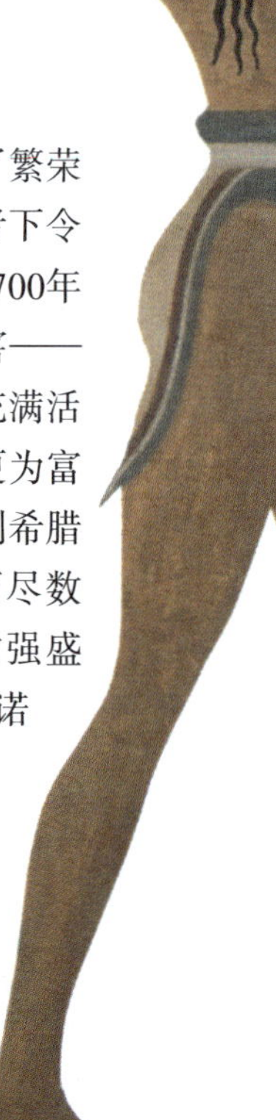

克里特岛的米诺斯宫殿

大约在爱奥尼亚人定居于希腊土地上时，即公元前2000年左右，未受移民潮影响的克里特岛，迈入了繁荣时期：生产蓬勃发展，人口迅速增长。统治者下令大兴土木，为自己修造豪华的宫殿。公元前1700年左右，这些建筑全部毁于一场严重的自然灾害——桑托林火山爆发引起的强烈地震和海啸。但充满活力的克里特人并未气馁，他们在废墟上建起更为富丽堂皇的宫殿。公元前15世纪，克里特岛遭到希腊人的入侵，继而又发生数次大地震。如此历尽数百年沧桑之后，克里特岛终于变成一个异常强盛的君主国。传说中，该王国最强的君王叫米诺斯，考古学家便称呼它为“米诺斯”，首都是位于岛上北岸的克诺索斯。对于今天的希腊人来说，“米诺斯”是强大、繁荣和辉煌的代名词。

从此，一个统一的结构严密的国家，取代了旧青铜时期众多分散的君主小国。国王不但是人们在壁画上所看到的祭司

王，而且是上帝的化身。人民必须无条件服从他，并且要绝对忠诚。希腊神话中，有关米诺斯王与宙斯神亲切交谈的描述，便是这种神权政治的生动写照。

克诺索斯城中，米诺斯王储存食品的地方。

米诺斯王及其大臣居住的宫殿，不只是政治权力的中心，还主宰全国经济。国王直接掌管生产和贸易，拥有许多囤货的仓库和大批手艺高超的能工巧匠。此外，宫殿里充满了浓厚的宗教气氛，犹如令人敬畏的神庙。我们很难把克里特的统治者比成古埃及的法老，或美索不达米亚国王，因为他们之间的差异非常明显。但是，有一点却是相同的：他们都集王权和神权于一身，牢牢地控制本国的生产活动和商业活动。其实，米诺斯王国更类似于安纳托利亚沿岸或者叙利亚-巴勒斯坦沿岸的那些小国。

光线和色彩结合成迷宫

米诺斯的宫殿是开放式的，四周没有围墙保护，所以很容易被敌人攻破。但历代米诺斯王依靠战舰和商船，取得了爱琴海的控制权。几个世纪后，历史学家修昔底德（公元前460—前400）在其著作中还特别指出这一点。克里特人把他们生产的各种器皿和金银首饰，销往希腊、亚细亚和埃及等地，以便换回所需的矿石。他们驾着轻型的船只航行于地中海东部，逐渐控制了爱琴海。随着贸易往来不断扩大，

迈锡尼文化时期的器皿。

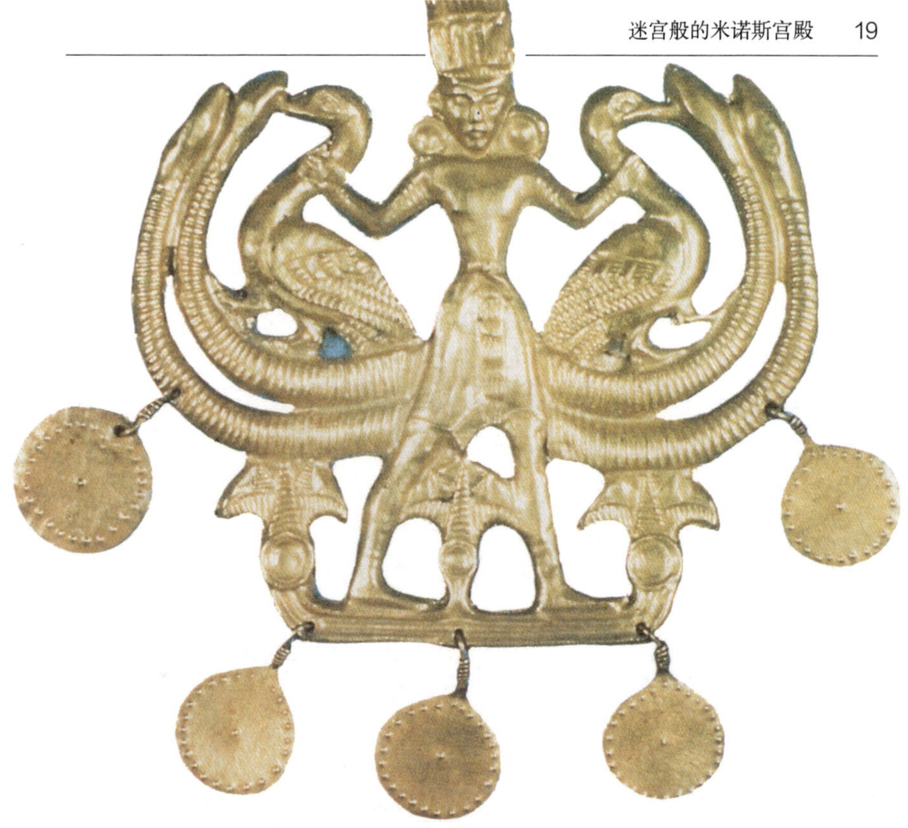

光彩夺目的金制挂饰，中为端庄的“大地之母”女神像。

米诺斯逐步形成庞大的商业帝国。这对邻近的基克拉泽斯群岛和伯罗奔尼撒半岛的发展，产生了尤为重要的影响。考古学家在这两个地方发现了刻有克里特文字的书板，便足以证明这一点。然而，在克里特的文化史中，最值得一提的，则是那些自然古朴、形态各异且色彩艳丽的艺术瑰宝。宫殿不但布局巧妙、设施齐全、光线明亮（阳光能直接照射到每个庭院），加上绚丽多彩的壁画，使整座建筑更加光彩夺目。一幅题为“巴黎女子”的肖像画，给每位参观者都留下极其难忘的印象。

克里特岛北面，有一座小岛叫锡拉，岛上神庙的壁画至今保存完好。画中许多栩栩如生的形象，如蓝色的猴子，充当国王侍卫的黑人和强壮的角力士，簇拥在鲜花丛中，都是用重彩描绘的。

壁画的主题往往与海洋有关。许多器皿上也常常画有鱼的图案。下图为克诺索斯沿海的海豚。

希腊大陆的宫殿建筑

希腊各地区的发展不尽相同。公元前2000年左右，希腊人移居此地，征服了当地的原住民，同时也带来了希腊的文字。起初，他们居住在农村地区，组成一个个较小的聚落，但是他们很快就与克里特人建立了贸易关系；随后，双方又建立了外交关系。在克里特人的影响下，希腊的经济快速发

宫殿的壁画均是米诺斯艺匠的杰作。画上的人物个个栩栩如生。左图为年轻美貌的“巴黎女子”。

克诺索斯的壁画极为美丽。下图为庆典活动的队伍。

展。经济持续繁荣的最明显标记，就是那些壁垒森严的宫殿。后世的希腊人把它们称作库克洛佩斯宫殿。他们不相信，古人居然能够把如此巨大的石块堆砌起来，于是传说是独眼巨人库克洛佩斯堆起了巨石。公元前17世纪，在伯罗奔尼撒半岛东部，今日之阿尔戈斯附近的迈锡尼建造的宫殿，无疑是这类宫殿中的第一座。在以后的几个世纪里，它不断扩建。尤其到了公元前1580年左右，即青铜时代晚期，宫殿的规模已相当壮观。此后的历史阶段，遂由此城而名之为迈锡尼时期。当时的迈锡尼王，在包括伯罗奔尼撒、阿提卡、维奥蒂亚和色萨利在内的整个希腊南部地区，是最强大的君主。

希腊人的宫殿建筑风格（屋顶呈斜坡状，为‘人’字形），与米诺斯人的宫殿不尽相同。然而，他们制作的手工艺品却深受克里特文化的影响。墙上的壁画，采用米诺斯人的彩绘技术，但题材不再是一般的狩猎或战争场面，而侧重于神话中家族内部的钩心斗角和流血冲突。

希腊大陆的文字

与克里特岛一样，希腊大陆也早已有自己的文字。学者们经过仔细研究和反复考证，终于揭开了迈锡尼文字的谜底。但是，迈锡尼时期的文字材料大都是一些统计数据、账目和财产清单，并没有任何宗教、神话传说、史诗和历史事件方面的内容。这使得对古代诗歌抱有浓厚兴趣的人大失所望。

尽管如此，这些刻有文字的书板仍具有极高的历史价值。例如在伯罗奔尼撒西南部，位于麦西尼亚的皮洛斯出土的书板，就提供了不少珍贵史料。我们

刻有迈锡尼线形文字B的书板，是在克诺索斯发现的。这是希腊文最古老的形式，主要用来登记宫廷的财物和货仓的商品。它象征统治者至高无上的权力。亚该亚人占领克里特岛后，这些文牍用的文字便传到岛上。

这件用金银丝镶嵌而成的艺术珍品，是迈锡尼文化时期的文物。从惊心动魄的围猎场面，我们可以看出，至少在公元前2000年的时候，希腊还有狮子这类猛兽出没。

在至今尚未能解读的克里特文字中，包括了这些在岛上南部的菲斯托斯发现的象形符号。它们排列有序，组成数个大小不等的同心圆。

从中得知，当时的国王叫作“瓦纳克斯”。此称谓显然不是希腊语（因此也不属于印欧语系）。“瓦纳克斯”既是一国之主，又是神的化身（该神也叫“瓦纳克斯”），大权独揽，主宰整个王国的经济生活。协助他治理国家的人，是一位“拉瓦盖达斯”（意为“民众领导者”，相当于宰相或元帅），以及一批文武百官。这种官僚结构，有点类似克里特岛的米

诺斯王国，或东方的其他君主国。王国划分为若干省份，下辖农村居民区，地方行政长官叫作“巴西罗斯”，即村长的意思。经过对这些书板的研究，可以得出如下结论：迈锡尼王国并不是人们原先认为的那种封建君主国，而是一个保留着部落制的国家。

梯林斯的城堡由巨石砌成，矗立在阿尔戈斯平原的心脏地区，而不像迈锡尼的大多数卫城那样，位于群山之间。左页图为城堡的防御工事。整座宫殿的规模由此可见一斑。

书板上还记载了土地的分配情况。在迈锡尼王国，国王本人拥有大片土地，达官贵人也分得一定数量的土地，作为他们的俸禄，另外一部分土地则专供祭天拜神之用。除了私人领地外，大部分土地属于“家族共有”：宫廷把土地赐给各家族，由族长负责经营管理。这种土地所有制与部落君主制是相呼应的。

这块刻有线形文字B的书板，来自皮洛斯城堡。宫内收藏着迈锡尼时期的大部分文字资料。

通过书板，我们所能获得的讯息由上段文字可见一斑。这里需要强调两点：第一，文字的形式。长达几个世纪里，希腊文字一直没有什么发展，墨守成规，缺乏创新。从青铜时代中期起，属于北非及近东古代语系的闪米语，已形成具有相当数量之辅音的语音体系，而希腊文字则仍停留在以元音音节为主的阶段。第二，官僚君主制度的特点。当时的官僚阶层人士，多能运用文字符号；而能掌握文字符号这一记录工具的人，为数不多。这群识字的精英分子，便是国王管理国家时的重要倚靠。

宏伟的宫殿，恰好反映了至高无上的王权以及等级森严的官僚制度

根据希腊传说，迈锡尼的城墙，是由宙斯的子嗣——珀尔修斯开始建造的。后来，城堡不断扩建，第一座宫殿建于公元前15

世纪，其遗址保留至今。公元前14和13世纪中叶，城堡几经加固和扩建。高大的城门（门框上雕有石狮，故称为“狮门”）和纵横交错的暗道，使整座城堡固若金汤。公元前13世纪末，为了对付入侵者，城的东面又修筑了暗堡，并增加两道侧门和一个直通佩尔西亚水井的出口。位于伯罗奔尼撒半岛的梯林斯古城，城堡的内部结构与迈锡尼卫城大同小异，也曾在公元前13世纪末，增修了一道围墙。梯林斯附近几乎没有什么其他建筑，建这道围墙显然是为了在危急的时候，用以保护人和牲畜不受伤害。

用纯金制成的王冠，上面镶有许多宝石，象征权力和财富。国王死后，王冠随同死者一起葬入墓穴。

王宫位于城中央，通常由三部分组成：相通的三个房间、两个前厅（其中一个带有浴池，供客人沐浴休息之用）和一间

迈锡尼卫城的入口处——著名的“狮门”。除了防御功能外，城门还具有浓厚的宗教色彩：门楣上方，威武的石狮分立巨柱两侧，时刻守护着女神。

宽敞明亮的大厅。大厅中间有四根粗大的灯柱，每到夜晚，灯火通明，把厅内照得如同白昼。屋顶呈斜坡状，构成人字形，具有今日北欧的建筑风格。其实，这类宫殿最早出现的地方，是在罗马人统治之下的安纳托利亚，而不是在希腊。

在斯巴达附近的瓦斐奥发掘的这只金杯，堪称迈锡尼时期的艺术精品。这也显示出米诺斯的农业生产水平已相当进步。

豪华的陵墓

死者的世界，与生者的世界紧密相连。随着时间推移，安葬的方式发生了很大的变化，尤其是王室成员的墓地，越来越考究。最早的坟墓只是一个浅浅的土坑，至多在上面压几块石头。后来逐渐发展为建造墓穴，用雕刻精细的石板封顶，迈锡尼城内的王室陵墓便属于这一种。历代修造的坟墓围成两圈：下面一圈的年代更加久远一些，但上下之间仍有一定的联系。陵墓四周筑有围墙，防止外人随便出入这块圣地。墓穴内陈设豪华，陪葬物中有许多金银制品，难怪《荷马史诗》中赞美迈锡尼为“铺满黄金的地方”。除此之外，还有在岩石上开

迈锡尼城内的王室陵墓里，安葬了古希腊的许多风云人物。刻有浮雕的石碑一块紧挨着一块，排成圆圈，予人神秘的感觉。

凿出来的墓室，幽暗的通道和巨大的穹顶是它们的特征，与其他陵墓迥然不同。其中，暴君阿特柔斯的墓室最为富丽堂皇。

迈锡尼墓葬中的纯金面具，按死者脸部特征和轮廓大小特制而成，以便保留其形象。这显然是模仿古埃及人的做法。

这些坚固结实的陵墓内，藏有大量的金银器皿和珠宝首饰，犹如一座座巨大的“宝库”，充分反映其主人生前的富有和显赫。正如前面所说的，其中规模最大、最豪华的是阿特柔斯陵墓。然而，人们很难把从那里发掘出来的光彩夺目、精美无比的艺术品与这位传说中阴险毒辣、荒淫无度的迈锡尼王联想在一起，因为两者之间的对比实在太过于强烈了。

富有开拓精神的亚该亚人 使小小的希腊从闭关自守走向对外开放

古埃及的法老对“绿色大海（地中海）上的岛

国”并不陌生。他们早就与那里的君主有接触，而且互赠礼品。在迈锡尼时期的墓穴中，发现死者戴着金面具，这便是受古埃及影响的佐证。

公元前2000年，在安纳托利亚出现的赫梯人，也是古印欧语系民族的一支。在他们遗留的文字书板上，考古学家发现“Akhkhijawa”（意为亚该亚国）的字样。它可能是指伯罗奔尼撒半岛，或者靠近小亚细亚、罗得岛一带的阿哈亚群岛。在《荷马史诗》中，希腊人有几种不同的名称，如“阿尔戈斯人”“达那人”，但最常见的还是“亚该亚人”。这一名字的真正来历不详，只知道它泛指青铜时代中后期在希腊定居的移民。

征服亚细亚沿海岛屿

亚该亚人开始向外扩张。他们首先向米诺斯王管辖下的岛屿进攻，接着又征服了地处东地中海要道上的克里特岛。从此，米诺斯人对希腊大陆的影响与日俱增，他们的宗教和其他许多文物，经由迈锡尼城传入希腊大陆。可是，克里特岛在这一时期的情况，人们所知甚少。除了可以证明当时岛上的统治者确实是来自希望大陆的亚该亚人外，在克诺索斯城没有发现任何详细的文字记载。究其原因，恐怕和克里特岛上发生的那次大地震有关。地震后，心有余悸的亚该亚人对克里特岛的发展前景丧失信心，不愿投入太多。克里特岛倒并未因此停止发展。经济较落后的西部地区，慢慢赶上了与近东

上图这座呈圆鼓状的古墓，与雄伟的城墙一样，给人留下极其深刻的印象。

国家关系密切的东部地区。

亚该亚人不断向外扩张。他们在安纳托利亚沿海的米利都、科洛丰及叙利亚-腓尼基沿海地区，先后建立起自己的聚落。有意思的是，邻近的强大的东方帝国，本可以轻易地把这些不速之客赶进大海，但他们反而欢迎亚该亚人。因为他们认为，这些聚点商贾云集，正有利于繁荣经济。

迈锡尼时期陶器上的图案，大都是单线勾画的装饰花纹。但也有例外，例如图中这个容器上，画的是一队手持长矛的武士。这对于古代战争的研究，很有参考价值。

下页图中，整幅画面以锡拉的宫殿为背景，近处是整装待发的船队。这幕备战的景象，说明米诺斯人当时已掌握了制海权。

对外贸易日趋扩大

坚忍不拔的赫拉克勒斯，决心使世界摆脱混乱状态，恢复秩序。关于他的故事脍炙人口，一直流传至今。

亚该亚人的对外扩张，不仅是在军事方面，在贸易方面尤显积极。满载货物的商船，定期驶往埃及、美索不达米亚，以及赫梯人居住的地方。亚该亚船只远涉重洋，到过世界许多地区。考古学家在今天的利比亚和意大利西部，发现了迈锡尼时期的陶器；在西西里岛、撒丁岛及意大利的中部和南部，也相继发现类似的瓷器。晚近在佛罗伦斯市内修筑道路时，工人无意中挖掘出不少古希腊的陶器。由此可见，亚该亚人的产品确实曾销往世界许多地区。在商船经常停靠的地方，如撒丁岛和塔兰托湾，来自希腊大陆的奢侈品，引起当地行政官员的兴趣。他们还建立了一些设施，以方便亚该亚商人前来经商。

有的历史学家甚至认为，这些商船可能曾到达高卢人居住的地方，即现在的法国南部；也很可能到过伊比利人居住的西班牙东南部。不过，除了最近在西班牙的黎凡特一带，发现了迈锡尼时期陶器的仿制品外，还没有找到任何实物足以证明这一论点。倒是在远离海岸的利比亚高原地带，曾有陶器出土，说明了亚该亚的船曾到过今日中东地区。

欧罗巴的北部是不是也留下了他们的航迹呢？经考证，他们从巴尔干半岛东南的色雷斯出发，确实到过更远的地方。但是，除了在黑海南岸有明确的证据之外，迄今为止只找到了间接的证明。在黑海西岸和东岸则发掘出不少颇有价值的文物。例如，在黑海东端，高加索南部的科尔基

下图的水罐是迈锡尼时期最常用的器皿。各地制作的陶器，无论在形状或是花纹方面，都有惊人的相似之处：它们都有线条优美的柄，以及继承克里特艺术风格的章鱼图案。但不同的年代，式样不尽一致。地中海沿岸出土的大批陶器，说明了一个很重要的现象：一个经济充满活力的地区，势必会千方百计地扩大其对外贸易。这只水罐，是埃及人和“克里特海岛居民”之间贸易往来的绝佳见证。

斯，曾有金银首饰出土，显然继承了迈锡尼时期的传统手工艺样式。

在运往外埠的商品中，既有供君主们佩戴的金银饰器，也有一般的生活用品，如他们自己酿造的酒。亚该亚人用这些产品换回他们所需要的东西。例如，希腊大陆缺乏冶炼青铜的原料——锡，他们便沿着海上的“青铜之路”，从东方或意大利运回矿石。又如，他们从黎巴嫩和哈尔基季基半岛换回优质木材，用以制作木器或修筑楼宇。总之，古希腊的航海业相当发达。

古希腊传说中的许多英雄人物，都曾漂洋过海，浪迹天涯：有的开辟了新航道，有的发现了新疆域。宙斯之子珀尔修斯饱经磨难，跛足英雄珀勒洛丰也是历尽沧桑。值得一提的是赫拉克勒斯和伊阿宋。赫拉克勒斯奉其表兄，迈锡尼国王欧律斯特之命，先后前往伯罗奔尼撒和埃里西岛执行艰巨的任务。他后来从岛上夺回三身巨人革律翁看守的牛群。然后又只身来到非洲大陆，取回赫斯珀里得斯女神们守护的金苹果。另一位英雄伊阿宋年轻英俊，深获国王女儿美狄亚的青睐。凭着爱情的力量，伊阿宋一路上避开各种陷阱，克服重重困难，终于抵达克里特岛最西端的腓斯特斯城。他战胜了守卫在那里的恶龙，完成使命，带回金羊毛，从而确保了亚该亚王国的繁荣和强盛。这些美丽动人的

传说虽然是编造的，却并非毫无历史参考价值：艰难的航程、缠绵的爱情和死亡的威胁，组成一个个引人入胜的神话故事，并流传至今，使我们更能揣摩亚该亚人当年漂洋过海的情景。

特洛伊战争规模空前，交战双方均投入大量兵力。荷马在其史诗中，对惊心动魄的战争场面做了极为精彩的描述。

关于特洛伊战争，种种传说并陈

这些传说大都以爱情和暴力为主题。特洛伊战争的始末，在荷马的史诗中有详细的叙述。尽管人们对有关的原始材料持不同的解释，但这场爱琴海两岸之间的冲突确有其事。考古学家在古战场遗址发掘出的城市废墟，从年代来看，正是传说中特洛伊战争年代（公元前1230—前1200）的建筑。关于特洛伊战争的起因，众说纷纭，莫衷一是。有人认为，海伦（希腊传说中的美女）与特洛伊战争的爆发没有直接关联，虚构这样一个人物，只是为了使整个故事更具吸引力。另一部分人则认为海伦乃是关键人物。年轻俊美的阿喀琉斯爱上了这位艳丽的女俘虏；虽然他战功赫赫，但国王拒绝把海伦许配给他。阿喀琉斯悲愤交加，痛不欲生。著名的《荷马史诗》中的《伊利亚特》，就是以这对年轻人的缠绵爱情作为故事的开头。然而，除了失恋的巨大痛苦，除了鲜血凝成的友情，除了战争的残酷和失去亲人的悲伤，究竟是什么原因，使亚该亚人组织远征军，围困特洛伊城，一战便是

迈锡尼时期的艺匠，在这两只器皿上，用重彩浓墨，精心描绘出古代勇士的英姿：在喷泉前与怪兽搏斗的阿喀琉斯（上图）。攻击三身巨人革律翁的赫拉克勒斯（左页下图）。

十年呢?

维克多·倍拉尔是位具有创见的历史学家。他认为，由于特洛伊城地处交通要道，货物经此转运可避免海上航行的风险，因此该城的战略位置十分重要，是兵家必争之地。在特洛伊城遗址发掘出来的金银器，充分说明此地区曾与北安纳托利亚的内陆国家（即赫梯帝国），及地中海各港口交往甚密。可以想象，此城商业发达，经济繁荣，人民生活富裕。亚该亚人攻打特洛伊城，并无意在那里长期居住，只是为掠夺城中的财富。经考证，特洛伊城在历史上从未被异族长期占领过。亚该亚各君主结成联盟，推举势力最大、被称为“王中之王”的阿伽门农为盟主。他们对地中海沿岸最富有的地区久已垂涎，一心想占有那里的财富，这才是特洛伊战争爆发的真正原因。

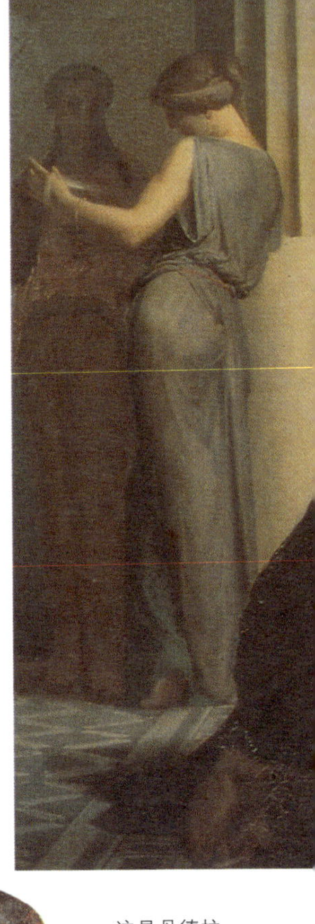

特洛伊战争结束后，过了整整500年，《荷马史诗》才问世。《荷马史诗》不是此役的直接佐证，但特洛伊战争的真实性却不容置疑。亚该亚人团结起来，赢了这场战争。后来，他们用巨石叠起一道高墙，把科林斯地峡拦腰截断。即使这是亚该亚人的最后一次壮举，但他们能够长期远离本土，在赫梯帝国的大门口打仗，而没有引起赫梯人的抗议和干预，这也说明亚该亚人当时仍然相当强大。这正是《荷马史诗》中《奥德赛》所要告诉人们的。亚该亚人的将领掠夺成性，不惜终年远离家乡，在异域浴血奋战。当他们历尽艰辛，终

这是丹德拉发现的古代青铜甲胄。它比特洛伊战争时期使用的甲胄早了好几个世纪。

于回到祖国时，却没有如他们原先所预期的，受到国人热烈隆重的欢迎。

这幅画描述了特洛伊战争的英雄奥德修斯，冒险偷偷回家的情景。被老奶妈认出时，他无比激动。这幅画绘于19世纪，出自法国学院派画家布格罗之手。

传奇式的英雄人物奥德修斯（即罗马人所称的尤里西斯）便是其中一例。他率领人马出海远征，一路上与风浪搏斗，多次化险为夷。他还受到女妖勾引，差点坠入情网，不能自拔。当他漂泊了十年之后，回到伊萨卡城与妻子潘妮罗珀重逢时，惨然发现，他原来的宫殿早已破败不堪，面目全非。

早期的宙斯和赫拉像。这对神位居万神之首。

线形文字书板上列举了诸多神明

刻有线形文字B的书板上，可以见到诸神的名字。这些神祇的形象，与《荷马史诗》所描写的或城邦内奉祀的神大致相同。这些书板列举了几乎所有主要的神，但是没有提到阿波罗神、勒托女神和阿佛洛狄忒神。

也许是五百年风水轮流转吧，后来的人比较重视波塞冬神而不那么在乎宙斯神。神的世界丰富多彩，但纷乱繁杂，其中的来龙去脉，很难用克里特-迈锡尼人的宗教信仰“同化论”来解释。移居到希腊这块土地上的同时，希腊人的祖先也带来了他们的精神财富：一种社会功能极强的宗教信仰。在此信仰中，众神分别承担治国、统御军队以及管理生产的职能。这种宗教固然符合半游牧部落聚居的需要，但也遭到原住民的强烈抵制。原住民所崇拜的乃是生育、土地肥沃和生命永恒之神。印欧宗教文化因而发生内部分裂，原有的框架结构被打破，外来的宗教和当地的宗教逐渐融合，产生了虽不太合乎逻辑，却更为有效的某种“混合物”。撇开诸如圣母之类的女神，及一些年轻的神不谈，比较受重视的，是地中海地区所奉祀的神明。他们代表了使人畜两旺、五谷丰登、果树丰产和生命永存的神秘力量。这类宗教结构的形成，由克里特人而来；而克里特人的宗教精神，则继承了新石器时期和青铜时代崇尚生命活力的宗教形式。

亚该亚人按照克里特人的传统方式举行祭礼，以求灵魂得救，获得新生。后来，各城邦为崇祀得墨忒耳神和科瑞神而举行的仪式，保留了克里特祭礼的某些做法。“秘密祭礼”“传授奥义”等字眼，经常出现在当时的书板上，此即克里特仪式的

19世纪法国古典主义画家安格尔的杰作（右页图）。在画中，端坐在奥林匹斯山上的宙斯，对海洋女神忒提斯的苦苦哀求，毫不动心，仍保持威严庄重的神态。

塞浦路斯神庙的模型。陶制的神和信徒个个栩栩如生，形态逼真。他们正在举行礼拜仪式。

特色。超度灵魂的地方叫作“香榭丽舍”。这是克里特语，意为“乐园”“福地”。希腊人继承了这种观念，并认为这个极乐世界，由三位智慧超群的君王管辖：米诺斯、拉达芒特和耶克。后两者的名字也是克里特语。在合葬的墓穴内，供奉着许多用黏土烧制的“大地之母”女神偶像，周围往往伴有侍女和神童，表示死者的灵魂在神的庇护下得到安息。

王室成员死后，被安葬在豪华的陵墓内，享有‘神人”（后世以此词指称“英雄”）的地位。“神人”一词也来自克里特语，指死后仍能继续保护百姓的君主。“神人”受到后人顶礼膜拜，在九泉之下据说也照样能发号施令，行使权力。刻有线形文字的书板上，记载了一位权力无边的“双料神人”，使我们对“神人”的概念有更深刻、具体的了解。

万能的女神

亚该亚人具有鲜明的宗教观。在他们心目中，无处不在的女神代表了哺育生命、发展生产和保护生灵的神奇力量。他们最崇拜的，是居万神之首的宙斯和赫拉。关于这一对神，有许多脍炙人口的故事。宙斯的妻子在希腊语中叫作“迪维亚”（意

青铜时代，全地中海地区都把圣母奉为生命之神。上图是无数圣母偶像之一例。

供奉在迈锡尼宫殿中的一组女神像（得墨忒耳女神和科瑞女神）。她们的身边偎依着一名神童。这件迈锡尼文化时期的作品，生动地表现了神与神之间相亲相爱的情景。

为“宙斯女神”），而在克里特语中则被称作“圣母赫拉”（指女性的“神人”）。宙斯和赫拉结为夫妻的说法，很早就为人们所接受，并成为当时宗教的基石。然而，他们的婚姻并不美满，感情不睦，经常发生口角。究其原因，这是因为他们来自不同的地区：宙斯是印欧人（他是雷神，拥有至高无上的权力，被称为“圣父”）；而赫拉则是地中海人。关于宙斯的故事后来越传越离奇。有的说宙斯出生时差点夭折，童年时代历尽磨难；也有的说他死而复生，变成年少英俊的自然之神，周游列国，从大地深处汲取力量和勇气。至于宙斯和赫拉的关系，有人说他们是一对情侣，有的说是夫妻，有的说是兄妹，甚至有的说是母子。面对各种互相矛盾，甚至近乎荒唐的传说，神学家想出一个绝妙的办法。他们把孩提时代遭受的磨难，及日后呼风唤雨的高超本领，统统安在同一位神的身上，仿佛这样一来便解决了宙斯的身世问题。

右页的图是迈锡尼时期的作品，在叙利亚出土。图中间的生育女神被描绘成生灵之王。

迈锡尼人或克里特人佩戴的戒指上，往往刻有隆重的祭祀场面。下图即为戒指上朝拜肥沃与生育之母的仪仗队。

神庙模型。该建筑四周的石柱，其顶端类似动物头上的尖角。

下图这位正在耍蛇的女神，是土地肥沃的象征。

一座座宫殿毁于一旦……

大概在公元前1200年左右，雄伟壮观的迈锡尼宫殿竟在顷刻间化为废墟。皮洛斯卫城内的宫殿倒塌，希腊大陆和克里特岛上的宫殿也一一消失。昔日的王宫和城堡如今只剩下断壁残垣，优美的文字和精湛的艺术也随之亡失。原因究竟何在？历史学家犹为解开此谜而争论不休。

此后数百年，百业凋敝，田园荒芜，
史称“黑暗时代”。
不过，同一时期，
井然有序的氏族社会却逐渐形成，
即所谓“荷马王朝”。
嗣后，在此王朝基础上，
大约公元前800年左右，城邦于焉诞生。
希腊文化随即迎来第二个伟大发展的时期：
声势浩大的对外移民，
以及美不胜收的各类创造。

第二章
初创时代——涌动不息的创造激情

“初创时代”两件巧夺天工的艺术珍品：左页图是公元前6世纪的三耳瓶外壁所绘汲水场面；右图是希腊皮雷港一尊阿波罗雕像，惟妙惟肖地表现出年轻阿波罗的旺盛生命力。

各地宫殿毁坏，希腊大地满目疮痍，一片凄凉，史家所说的“黑暗时代”从而开始。浩劫究竟因何而起，至今原因不明。有人归因于地震，有人认为肇端于役民不堪重负而造反。这类说法不无道理，但灾祸恐怕仍与多里亚人的南迁有关。多里亚人原属希腊人的一支，多年来一直住在希腊北部的平特山区；后来，他们突然大举南侵，吞并了富庶之邦迈锡尼。

类似的人口迁徙，在当时并非是个别现象。如安纳托利亚的赫梯帝国，后来也是因为北方移民大量侵入而覆灭。通往埃及的广大沿海地带，移民“熔流”所到之处，转眼化为一片焦土。“海寇”一词，令人闻之丧胆。同样的情景在爱琴海两岸次第出现。迈锡尼和赫梯两国，因而从历史舞台上消失，他们的氏族社会和所用文字也消逝无踪。

身披盔甲的重装步兵（左下），右手握盾牌，迈着矫健的步伐参加操练。这种步兵是城邦卫队的主力。

“黑暗时代”以血与火为标志，始于公元前12世纪，足足延续400年

这种人口的大规模迁徙，持续的时间非常久，流动的族群也相当多。尤其是小亚细亚，是移民成批前往的地区。结果希腊人的三大族群，伊奥利亚人、爱奥尼亚人和多里亚人，分别定居于亚洲海岸的北部、中部和南部。这三股移民大军，在奔向爱琴海诸岛和靠亚洲海岸的一些大岛时，依然保持着各自的“阵容”。如莱斯沃斯岛由伊奥利亚人占

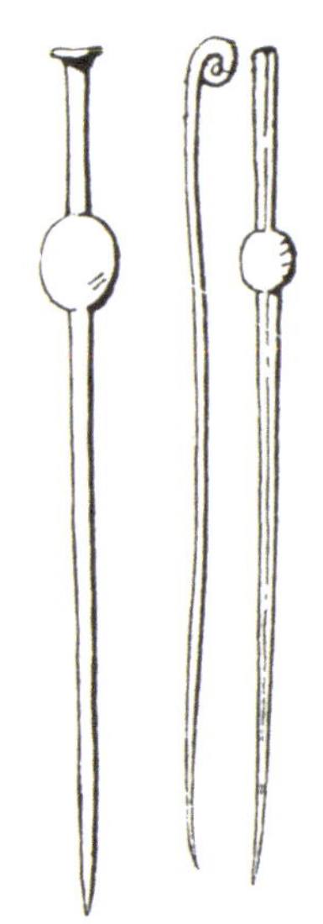

多里亚人在物质文明方面的贡献几乎等于零。但受东方人影响，他们吸收当时流行于希腊的技术和工艺的本领则超乎寻常。上图为衣服上的别针。

据，希俄斯岛和萨摩斯岛由爱奥尼亚人占据；罗得岛则是多里亚人的天下……

除了抢占领土此事尚称得上有意义，对于迁徙主导者来说，这场人口迁徙的其他意义都十分有限。首先，在这场“狂涛”中，仅人口损失就已逾半数。其次，一些小氏族的国王闭关锁国，威望已大逊于当年的国王；迁移征战中所涌现出来的军事将领，逐渐形成新的统治阶层。半游牧的生产方式逐渐为农业所取代，在移民开始定居的地方，肥沃的土地很快被新的权贵掠夺一空。

锅沿被点缀得生动别致的塞浦路斯铜锅。这个时代之侧重几何图形，由两两对称的锅沿可见一斑。这种铜锅既用于日常生活，也用于宗教祭祀。

色萨利
平
特
德尔斐
维奥蒂亚
迈加拉
科林斯
奥林匹亚
阿尔戈斯
埃皮达鲁斯
曼提尼亚
迈锡尼
斯巴达
麦西尼亚
拉科尼亚
伯罗奔尼撒
地
中
海
伊奥利亚人
爱奥尼亚人
多里亚人

伊奥利亚
莱斯沃斯岛
米蒂利尼
岛
基罗斯岛
士麦那
埃利色雷
希俄斯岛
科洛丰
爱奥尼亚
以弗所
萨摩斯岛
普里恩
提洛岛
米利都
纳克索斯岛
哈利卡纳苏斯
多里亚
帕罗斯岛
科斯岛
阿莫尔戈斯岛
尼多斯
伊阿利索斯
林都斯
锡拉岛
罗得岛
克里特岛
克诺索斯
腓斯特斯
0
200km

不管怎样，这400年艰难岁月仍有显著的进步。

以国王为中心的氏族制度更加巩固，“长老会”成了国王的得力助手，而“民众会”则不享有任何决定权。氏族制度，承继自多里亚人所恢复的印欧语族传统。因此正如《荷马史诗》所说，公元前10世纪和公元前9世纪，整个希腊已被众小国所瓜分。这些小国在历史上就被称作“荷马王朝”。这时候的政权依旧脆弱，但以国王和贵族为中心的氏族社会，毕竟已在希腊建立起来。

阿提卡的双耳瓮（右页下图）外侧：重彩浓描的几何图形，云蒸霞蔚，分外夺目。两帧细图（左及上）描绘的是发丧和运送柩车的场面。

意义深远的变化

我们不要轻率地把“黑暗时代”当成野蛮倒退的时代。许多了不起的发明便产生于这一时期。比如在制陶工艺上，迈锡尼人后裔创造出全新的“几何陶”。这种陶罐的外表图案鲜明匀称，反映了当时人的世界观：认为世界具有几何式特征。当时之所以能发展出如此的抽象认识，不全然是多里亚移民所带来的新影响和刺激。事实上，生产新型陶罐的地区——如阿提卡——多里亚移民大军根本就未曾光顾。

同样，宗教方面也出现了与此相仿的重要变化。比如宙斯神本象征王权，到此时期，其象征意义更强。这对于当时尚欠稳定的政权来说，确实很有必要。此外，希腊人也接受了一些亚洲人的神明；并且在公元前1000年左右，正式将这些神明供奉于万神庙

中。例如希腊人征服塞浦路斯后，从该岛传入的闪族人所崇奉的阿佛洛狄忒，以及安纳托利亚人所信奉的阿波罗神及其母勒托，便是两例。

荷马生活于新旧世界交替之际。他之所以在公元前750年左右，城邦方兴未艾之时潜心诗歌创作，无非是想利用悠久的史诗吟唱传统，回顾重大历史事实。但史诗非史籍，诗中提到特洛伊战争及随后的“凯旋”，并非为了记录历史，乃是要描述这场战

19世纪的希腊

法国诗人暨哲学家贝基说过："荷马是我们的祖师爷。"

勒卢瓦尔在这幅画中，表现行吟诗人荷马，正在爱奥尼亚一条大路旁，一边奏着齐特拉琴，一边吟唱歌颂特洛伊英雄的史诗。

在这类题材上，19世纪的欧洲绘画，从希腊得到不少启迪。

以下两幅画，一幅是法国画家及雕刻家吉罗姆所作的《斗鸡》，另一幅是帕普特所作的《汲水女人》。

ΚΑΛΛΙΡΟΟΣ ΝΗΙΔΕΣΙ

ΝΗ ΗΔ ΑΦΙΕΡΟΥΤΑΙ·

争发生时的社会情况。荷马常在贵族举行的宴会中，歌颂战火纷飞的过去，提醒人们：今天的铁器时代承继自青铜时代。

虽然在公元前8世纪时，铁器的使用已很普遍，伯罗奔尼撒墓葬中，精美的青铜武器却仍相当多。左图即是几件出土物。

公元前800年左右，“城邦制”终于出现在希腊大地

城邦制在肇始阶段虽然完全由贵族控制，民众的权利仍逐渐得到正式承认。国王的地位，已在不知不觉中为执政官所取代。这些执政官每年由选举产生，采取集体责任制。因此，执政机构和“公民大会”成为主要政治机构。

在氏族制向城邦制过渡的阶段中，贵族是主要受益者。城邦可建立强大的国家政权，确保各类有益创议获得采纳。既然公民不分贫富皆可进入“公民大会”，城邦制必然是一种上下皆能接受的体制。

城邦的组成方式，也比氏族社会更复杂一些，统合了核心家庭、家族、氏族、部落等社会形态。此外，沿袭农牧时期传统的成年仪式，也于此时恢复。成年仪式具有告知适龄男女已可结婚成家，或于必要时入伍戍边的作用。这些社会形态和传统仪式，都有助于强化社会结构。显然，传统的复现往往是因为符合了当时社会的需要。

此外，铁制工具的发展对城邦的再现也有其作用。公元前11世纪铁器便已在希腊出现，却在200年后才广泛运用于日常生活。

使用铁制灌溉工具和铁制兵器后，人口迅速增加，战事日趋频繁。产品也随之过剩，社会盛行以物易物，防务的需求也日渐扩大。农业日显重要，最后完全超过畜牧业，绝大部分的人口终于告别游牧生活，正式定居，城市应运而生。人口的增加，生产和交换的发展，以及城市的扩大，又促使相关体制更加巩固。以少数军事将领为核心的社会联合得以实现。公元前9世纪末，希望与近东、北方、西西里和意大利的商业接触重新建立，经济更加发展。

这种印有彩色人像，风格简练的陶罐，常为颂扬英雄而烧制。此图描绘阿喀琉斯出征前，依依惜别家人的场面。

此幅明暗对比十分强烈的画，出自法国画家大卫之手。年迈的行吟诗人荷马，正在倾听众人对他的史诗所发表的热烈议论。

酷似连环画的墓基装饰（上图），说的是年轻贵族出征的情景。

城邦兴起后，平民身价百倍

由于贵族对平民的压制，城邦内两者间的关系相当紧张。政治危机接连不断，每次皆以平民取得微小胜利而告终——胜利虽小，意义却不可低估：历史将会证明，这一次次微小的胜利隐藏着重大改革的契机。

城邦兴起后，粮食和贵重物品日渐积累，防务负担因而越来越重。早在公元前8世纪末，贵族骑兵便已不敷所需，因此不得不建立一支以富裕农民为骨干的“重型步兵”。不言而喻，富裕农民一时身价百倍，自然乘机提出新的要求。

两个冲向敌阵的重型步兵。

与此同时，土地问题也日趋严重。依靠土地为生的自耕农，在代代相传中土地越分越少，其日常生活自然每况愈下，难以为继。他们甚至无法把自己的土地改成葡萄园或橄榄园，以增加收入——在葡萄或橄榄成熟之前，他们便有断炊之虞。至

此，唯一出路是向富有者借贷。

可是一旦无力偿还，则不是出卖土地就是出卖人身，从此沦为奴隶。这正是雅典许多贫苦农民的悲惨结局。

土地问题造成城邦内部关系紧张，民主和专制体制朝两极发展

贫富关系紧张之下，某些城邦最后求助于法律，在两者间谋求妥协，恢复安宁。雅典执政官梭伦所主持制定的法律，便宣布一律废除上述债务，但穷人已经变卖的土地，并未让其收回。有些城邦的暴君则利用平民与贵族对垒这一形势，建立起代代相传的专制王朝，科林斯的谢帕斯洛暴君即为一例。总之，正常的体制，一旦因为立法人员或暴君心怀叵测而停止运行，城邦立刻就会成为各类垂涎之徒觊觎的目标。

显然，历史的趋势在于承认平民，特别是生活小康者的权利。梭伦便有此认识，而给了平民参政和司法审判

庙宇上方的三角楣，是希腊“初创时代”末期高大建筑雕刻艺术的精华，做工精细考究。图为埃吉纳岛上神庙的雕塑——《赫拉克勒斯试射》。

的权利。因此这一趋势在雅典进展快速，出人意料。早在公元前6世纪末，立志革新的克利斯提尼，便削弱富人对穷人的统治，奠定了民主的初步框架。尽管承认的民主非常有限，克利斯提尼的改革，仍标志希腊历史从此进入重要时期。

斯巴达等其他城邦的情况有所不同。这些地区的民众大都为非自由民，非自由民虽然不同于奴隶，基本上仍从属于城邦或各自的主子。斯巴达的“公有奴隶”希洛人，便是所有公民的财产。地里的农活全由他们承担，他们备受欺凌，毫无地位。

留在岩石和黏土上的“岩石文化”。

标音文字带来创作的欢欣

希腊人似乎在“黑暗时代”末期，便已借助腓尼基语的音标系统，创造出一种标音文字。这种文字既标有元音的读法，也标有辅音的读法。1000年前流行的线形文字，只有少数专事抄写的人有能力使用；如今的标音文字则人人皆可掌握。

现在，教徒可以借文字向神灵说明所献祭品的含义，商人、作家也可借文字表达内心的复杂感受

这幅画意欲表现梭伦推行改革前夕，古代贵族展开激烈辩论，彼此就社会混乱发表意见。

（爱情故事屡见不鲜）。因此出现了一种在岩石上抒发情感的所谓“岩石文化”。与此同时，公元前8世纪起，行吟诗人所喜好的史诗吟唱，则逐渐被书面文字所取代。

法国画家古斯塔夫·莫罗（1826—1898）的名画，极具象征意味：长有双翼的诗神缪斯，传授灵感给希腊年轻诗人赫西奥德。

抒情诗别具一格，诗人借以感时讽事

诗人赫西奥德的时代与荷马相去不远，诗歌韵律也与荷马十分接近，其六步诗铿锵有力的节奏，便是从《荷马史诗》借鉴而来的。不过，赫西奥德的诗歌造诣却更胜一筹。他的诗谆谆告诫，开启心扉，围绕生存的意义此一万古不变的主题，孜孜不倦地启迪了好几代人。神灵主宰一切的僵化世界，愚昧农民默默无闻的生涯，因抒情诗而焕发勃勃生机。通过诗情的抒发，诗人不仅表达内心奔腾澎湃的激情，也讴歌爱情，讴歌视死如归的英雄气概，以及觥筹交错的筵席欢叙。至于城邦内部的斗争，诗人也是态度鲜明。对此问题上出现的调和观点和中庸之道表示无比愤慨。

头戴紫色花冠的闺秀诗人萨福，同时还是天真无邪的青年男女的良师益友。她谆谆教导那些无忧无虑的后生，如何百折不挠赢得荣光。她最为擅长的抒情诗，只能以“出神入化”四字来形容。当雅典城邦四分五裂时，改革家梭伦泰然以对，诗人泰

奥格尼斯则在抒情诗中发泄了他的满腔愤恨。

面具是悲喜剧演员不可缺少的道具，有烘托所演角色的效果。

戏剧的发展和民主意识的成长，竟然相辅相成

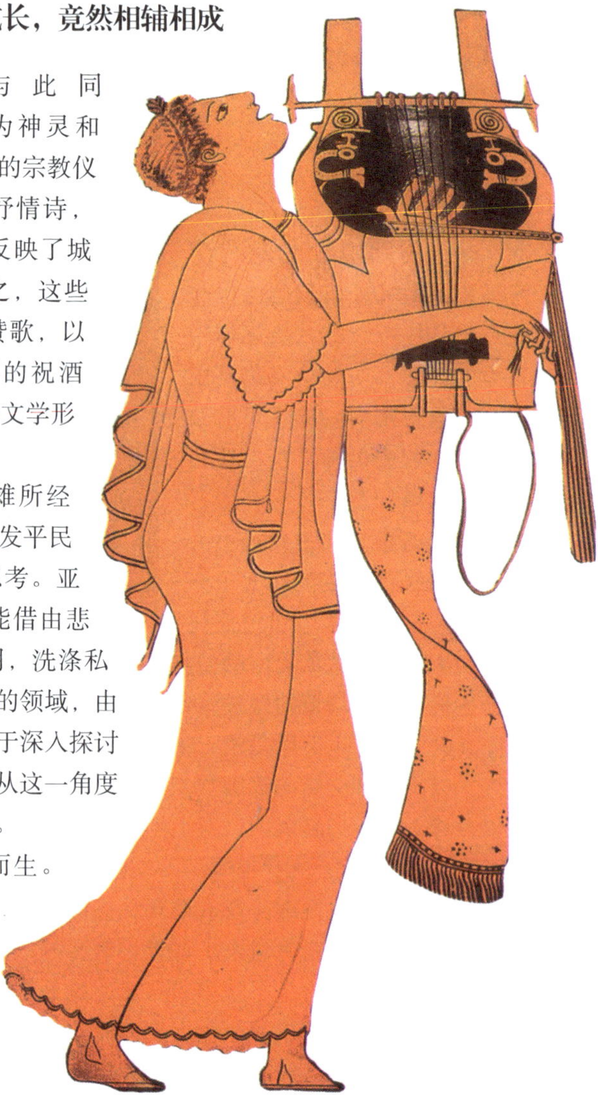

与此同时，在为神灵和介于仙凡之间的英雄举行的宗教仪式上，唱诗班所讴歌的抒情诗，形式多样，日臻完美，反映了城邦的喜怒哀乐。久而久之，这些以合唱形式出现的英雄赞歌，以及喜庆宴席上不绝于耳的祝酒歌，渐渐演变成一种新的文学形式——悲剧。

早期悲剧以昔日英雄所经历的苦难为题材，意在激发平民对一些问题加以关注和思考。亚里士多德便希望，人人能借由悲剧所带来的“升华”作用，洗涤私心，净化情感；提升关心的领域，由只专注于一己之生命，达于深入探讨城邦更好的未来。因此，从这一角度不妨说，悲剧造就了民主。

不久，喜剧也应运而生。这种令人开怀的体裁，虽然失之粗俗，但仍能使城邦宾客在酒酣耳热之际，得到某种启迪。

数学与形而上学

歌唱家的表情充分表现出音乐的强烈感染力。音乐和体育是希腊文化的基石。

在希腊本土和小亚细亚各城邦，爱琴海两岸的数学家和哲学家，都表现了新的求实精神。此一学风始于公元前7世纪末，由泰勒斯在爱奥尼亚首倡。形而上学和数学的双重方向，在此人身上就表现得泾渭分明。米利都学派的思想家们，一开始就被世人称为“智士”。现在，他们不但为有理数学的发展奠定了基础，而且致力于研究宇宙原动力。

尽管关于宇宙原动力方面的研究，后来毫无结果，有关“物质本原”的探讨，却始终被置于首要地位。他们殷殷探求物质本原，于是在解释宇宙的问题上颇有心得，彻底摆脱了几千年来一直广为流传的神话传说。他们依靠与经验主义极为不同的数

信徒们随着笛声，施施然向神明奉献祭品。

学，圈定了一个研究宇宙的抽象范畴，从而使简单的土地丈量让位于几何学，星相学让位于天文学。毋庸置疑，东方人的思辨，曾对他们产生不容低估的影响，但希腊数学家和哲学家，怀着满腔的革新抱负，毅然摆脱了来自东方的影响。

出生于萨摩斯岛上的毕达哥拉斯，为逃避当地

绘于陶罐外侧的出殡行列。其中人像已焙烧成黑色。由此可见，自从在陶器上绘刻类似图案以来，工艺已经历巨大的变化。

的暴虐统治，毅然离开亚洲，到大希腊（今意大利南部）建立了非同凡响的学派。该学派不仅在数学研究中成果斐然，在政治学方面也颇有建树，影响了柏拉图及其后的希腊诸哲。这位哲学家多年来殷殷期待，能从几何学角度为政治学奠定坚实的基础。不过，他并未因此而放弃他所关注的神秘课题：如何通过严格的修炼和思考，达到绝对的纯正。

政治风波中的宗教

在城邦中，宗教与政治经济占有同等地位，因

建筑物石柱顶端的样式，早已形成固定格式，为后世之建筑设计者提供了可贵的借鉴。图为多里亚样式（左）和爱奥尼亚样式（右）。

此其演变十分重要。城邦居民不但信奉非常多的神祇，而且各执一词，莫衷一是。随着城邦的诞生，多神信仰也出现转变，各城的古代英雄成为崇拜对象。贵族为了借机提高自己的威望，为这些英雄举行的纪念活动，也就日趋频繁。

面有愠色的少女，丰满性感。在阿提卡有关女性雕塑的古代作品中，这尊初创时代末期的雕像，应是不可多得的代表作。

然而平民信奉的，乃是保佑他们添丁进口、五谷丰登的神祇，因此强烈要求城邦出钱，为这些神祇举行大规模祭礼。此愿望后来逐渐得到满足，酒神戴奥尼索斯、谷物女神得墨忒耳及其女儿科瑞，皆被正式列为由公共祭祀的神祇。君主统治的城邦，因慑于民众的压力，在这方面表现尤为卖力。

随着城邦的蓬勃发展，宗教建筑一时如雨后春笋，竞相涌现于爱琴海两岸。其中最突出的乃是圆形阶梯会堂，如奥林匹亚和德尔菲所建者。此外，各城邦还造了不少雄伟的神殿，殿内摆满珍贵的祭品，经常举办各类祭祀活动。如公元前7世纪和公元前6世纪，高大建筑栉比鳞次，雅典卫城中分外夺目的木雕石刻，便是辉煌的例子。

宗教建筑便是“初创时代”的重要革新成果

神殿的外表一律为固定格式，这种格式可能自亚该亚人的宫殿建筑继承若干特色，并受到东方的影响。

就神殿结构样式而言，可分为多里亚式、爱奥尼亚式和伊奥利亚式三种。不同风格争奇斗艳，成

希腊全境运动会

赛马和田径比赛是宗教节日的重要活动，体现了希腊人对大地伟力的无比崇拜。运动会不仅便于人们增加人际往来，提高文化素质，而且是艺术创作的丰富源泉。该图绘于陶罐外侧，描绘的是为追悼阿喀琉斯的好友帕特罗克洛而组织的比赛的场景。

体育锻炼

在教练指导下，年轻人在体育场练习角力。角力运动同时也是对体态美的赞颂。

就古希腊建筑园地朵朵奇葩。神殿四周，清一色是高大圆柱，别开生面地创造出前无古人的圆柱式建筑。独具匠心的雕刻家，在中楣、三角楣及顶端部分，用重彩加以浓描，使整个建筑予人庄严、凝重之感。总之，建筑界这股伟大创造力所结出的丰硕成果，是超乎寻常的智慧结晶。

由于海上贸易空前繁荣，船只遂成了制陶艺人的重要创作素材。能将两地连成一体的“桥梁”，一时成了大海的时髦名称。战船不同于商船，形状大多较为狭长。时代的发展真是日新月异，这些战船如今都装上了“船首冲角”。不但如此，船上的划桨手也已是上下几排，不仅提高了船速，而且增强了战斗力。下图及右页下图为当时两种主要战舰的形式。

“初创时代”人物辈出

古希腊“初创时代”人才济济：有在政治生活中扮演重要角色的政治家和贤明国君；也有出身农民，穷困潦倒，但才华横溢的杰出诗人——赫西奥德便是一例。此外，还有名闻四方的哲学家，如毕达哥拉斯，既通占星术，又能以数学式的科学方法来解释宇宙。这是一个人才辈出、勇于创新的时代，他们善于创

造，也善于继承传统。

自给自足的经济于公元前9世纪末结束

过秤人安坐方凳，一丝不苟地注视着秤盘。足见作为希腊经济基础的商品贸易，当时已极为发达。这幅画同时也具有另一种象征意味：在希腊人看来，一切都可用来交易。

海上贸易重新在各地展开，繁荣而热烈。大约就

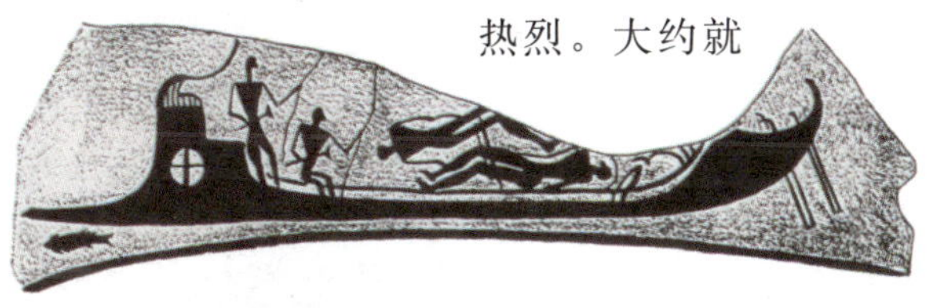

在公元前810年左右，埃维亚岛和基克拉泽斯群岛的居民，来到奥龙特斯河河口，在一个可能叫阿尔-米纳的地方安顿下来。小镇在赫梯帝国境内，位于今叙利亚海岸北部。他们从外地把“几何陶”运来这里，然后沿奥龙特斯河溯流而上，绕过该河一个大弯道，最后到达美索不达米亚平原。阿尔-米纳可不是个孤村，其南部及北部的西利西亚沿岸地区，后来都

发掘出类似的村落。发掘资料显示，希腊人到这里来，完全是为了做生意。当地氏族首领非常乐意提供土地给这些外来居民，因为从中可获巨利。与此同时，也有不少人开辟了地中海中部沿岸市场，希腊各城邦随之在这一地区展开激烈的商业竞争。由于“西部蛮族”在经济上和文化上已相当发达，所以希腊人不仅能出售本土陶罐，还可就地组织生产，带来滚滚财源。

这一阶段的贸易为探索性贸易，俗称“前殖民时期贸易”，至少延续了整整一代。第一个贸易开发点建于公元前750年，在那不勒斯湾的伊斯基亚岛上，安全保障可谓万无一失。20年后，才在那不勒斯附近的库姆斯出现第一个殖民基地。

黑暗岁月之后的“殖民热”

“黑暗时代”末年和“草创时代”初叶，希腊社会出现了可媲美迈锡尼时代的盛世：百业凋敝的年月终于过去，到处是欣欣向荣的景象。向地中海

再现希腊神话的传世之作，绘制于弗朗索瓦陶罐上的雅典古老传说：英雄忒修斯率其伙伴弃舟登岸的情景。

沿岸各地发展，看来不仅可能，也是势所必然：希腊境内多山，宜于农耕的平原地带只有区区几处，粮食生产长期停滞。物产以大麦为主，小麦产量非常有限。此外，建筑木材奇缺，地下资源贫乏；铜矿少得可怜，锡更是一点也没有。倒是葡萄酒和植物油这两样当时尚属高级消费品的产品，随着耕作技术的改进，产量已很可观，可供大量出口。此外，希腊的金属制品、瓦盆陶罐和纺织品，做工精湛，产量亦多，也是出口大宗。至此，向周边地区发展商品贸易，以弥补自身不足的客观条件，乃告成熟。

另一方面，农业生产突飞猛进，加上铁制农具出现，大大促进了土地的开垦及葡萄园和橄榄园的修建。人口急剧增加。总之，劳动力大量增加，导致产品过剩，亟须寻求销

德尔菲神庙里，女祭司佩提亚正全神贯注地聆听阿波罗的教诲。画面再现当年庄重而又宁静的气氛。不管德尔菲神庙关于阿波罗的传说究竟如何，这里看不出任何武力相强的意味。

路。同时，由于人口暴增，移居“蛮族”地区也就势在必行了。

城邦内部冲突不断，纷争迭起，也是殖民热的因素之一

城邦内部的社会冲突一直未曾中断，这些冲突的结局，往往是有人出走，从此流落异乡。如斯巴达城里，在第一次麦西尼亚战争期间出生的私生子，由于不堪忍受他人的歧视而不得不远走他乡，到塔兰托寻求栖身之地。再如一些声名狼藉的不法之徒，在万般无奈之际，也常常纠合狐朋狗党，扬帆出海，悄然离去。科林斯城的阿基亚斯，便是因为一条人命而不

哀婉动人的一幕：几个来自小亚细亚的福西移民，刚刚登上荒野之地，克尔特国王之女蓦然出现在众人面前。只见她神色安详，端起一杯美酒向一希腊青年递了过去，二人遂喜结良缘。外来移民与当地居民的和睦相处，于是揭开新页，然而这样的事例在当时并不多见。

得不离乡背井，去了西西里岛，后来在该岛建起锡拉库萨城。

可见离乡出走者大都非心甘情愿。可以这么说，“殖民热”的出现，部分是城邦的内部冲突所致。而诗歌赞颂中，那种因生计所迫而急于闯荡天下者，也不乏其人。这种远征大都由发起人率领，一旦抵达目的地，首先便千方百计地从原住民手中夺取土地，安顿生活。接着，由随队的丈量员将所获土地分成若干块，以抽签方式分给各人。之后，建设家园的工作轰轰烈烈展开，每户宅基都放了些从故乡带来的泥土。新建的城市分为内城和外城。内城是活动中心。在内城的神殿造好之前，一般会先在外城修建临时殿堂，以供奉各方神灵。

塞利农特一神殿柱顶所刻场面：暴跳如雷的赫拉克勒斯，从异母兄弟阿波罗手中，将一盏三角灯座一把夺了过去。不过，他们很快又会言归于好……

希腊殖民点——完全独立的城邦

在希腊人当年这股“殖民热”中，移民们在周边地区建立起一个个城邦，在宗教上与希腊本土保持联系，并和来自同一地区的人所建立的城邦，维系着手足之情。尽管各城邦为自身利益，往往越过疆界与其他城邦结成联盟，或组成更大的网络，但城邦的独立性却不减。各移民点的兴衰史至今尚未完全清楚。黑海周围最早的殖民点，在蛮族的强大压力下消失，而后却又在同样的地方建起了新的殖民点。在俗称“大希腊”的西西里和南意大利，最早的殖民点出现于公元前730年左右，库姆斯城便是一例。色雷斯、马尔马拉海上的普罗蓬蒂，以及黑

“大希腊”（即南意大利）移民社会时期的泥塑。大型雕塑此时已达相当的艺术水准。在塞利农特，从刀法粗糙的原始柱顶装饰，到神殿上追求戏剧效果的柱顶装饰，可以看出：这些绚丽的图案大都模仿爱奥尼亚风格，所描写的也都是神话故事。图为赫拉克勒斯受两个矮子嘲弄后，盛怒之下，一把将他们倒提起来带走。

海地区的殖民点，出现较晚，形式则更正规。马赛城到公元前600年才奠基。希腊人在近海地带占领地盘，则要到公元前750年至公元前550年间。这些拓殖行动中，既有自发前往的，也有结伴同行的，因为早期殖民多少是要冒风险的。

粮食生产和贸易是希腊当年殖民的主要目的

雕塑作品中，西部移民少女的典型形象：编织成蜗牛状的发辫盘绕前额，面部漾着动人的微笑。

长久以来，史学界一直认为，希腊当年向海外的殖民可分为两个阶段。第一阶段集中于夺取土地，意在扩大粮食生产，满足移民对粮食的紧急之需；第二阶段的主要目的，则是发展粮食贸易。

在殖民社会中，增加粮食生产，不仅为了满足移民自身的需要，而且要向希腊本土大量出口。须知小麦——希腊人的主要食粮——在海外出产丰富，价格低廉，而在希腊本土却因山多地少而产量有限，西西里岛和南意大利的例子便很能说明问题。

赫拉克勒斯在海外的丰功伟绩

赫拉克勒斯是全希腊人倾慕的英雄。他从西西里和意大利回到迈锡尼时，向家乡父老献上他格杀三身巨人革律翁之后所掳获的牛群。这位新天地的开拓者，披荆斩棘，开辟了通向西方的道路，建起座座城池。他的行动启迪后辈：到海外“打”天下，乃分内之事。

这股殖民潮似乎相当杂乱无章，因为西方天地如此诱人，以至每个城邦都卷入这股向前的滚滚洪

古今文艺作品取之不尽的创作源泉：赫拉克勒斯与猛兽搏斗的种种传说。

无论是柏拉图式的门客清谈，或是如图所示，赫拉克勒斯的聚众豪饮，设宴款待都是一种上流社会的交际。

流。但若删繁就简，我们仍可分辨出殖民潮的三大主流：原住埃维亚的爱奥尼亚人，到了坎帕尼亚和墨西拿海峡；原住迈加拉和科林斯的多里亚人，几乎在同一时期到达迈加拉希布利亚和锡拉库萨；最后，原住伯罗奔尼撒半岛北部的亚该亚人，则到了塔兰托湾。

但是，“殖民热”也有负面影响：一些当地居民不仅失去了土地和独立地位，甚至丧失人身自由，沦为奴隶。意大利南部的佩拉热人和锡拉库萨的塞利安人，就遭遇与斯巴达城邦公有奴隶相似的命运。

繁荣昌盛的西方殖民社会，在文化方面成绩斐然

希腊“初创时代”最伟大的抒情诗人，当推希梅拉的斯特西科罗斯。此人就生在西方殖民社会。他再三讲述在移民社会流传的神话故事，把当时的文学创作推到了光辉灿烂的顶峰。

在建筑方面，一座座为诸神修建的圣殿拔地而

起。在卢卡亚的波塞道尼亚（后来改称帕埃斯图），以及西西里岛的塞利农特和阿格里真托等地，诸多雄伟神殿林立，建筑风格与小亚细亚建筑雷同：底座平台整齐而又厚实。宗教仪式变得空前繁复，生命的伟力受到无比虔诚的膜拜。在外人禁入的殿内举行神秘祭礼，受此信仰启迪的哲学著作，因而大受青睐。

另一方面，有人说这个移民世界同后来的“新

位于阿格里真托的“协和殿”。神殿用作地基的底座平台，是对神明的虔诚祭献。

彩盆盆底图像：一条小船载着飘飘欲仙的酒神戴奥尼索斯乘风而去。

大陆”毫无二致，这种说法并不过分。要知道，这些早期“拓荒者”短短几年便腰缠万贯，花天酒地，一掷千金。希腊本土同胞就毫不隐讳，称他们这些“西方爱奥尼亚人”是沉湎酒色的小人，说他们生活懒散，喜欢摆阔，在堕落的泥坑中越陷越深……但是，这些“拓荒者”所创造的光辉业绩不可一笔抹杀。由于他们勇敢开拓，南意大利这个不毛之地，如今才得了“大希腊”的美名。这个“大希腊”不仅地域辽阔，大于希腊本土，而且富于进取，处处涌动不息的创造激情，较之希腊本土毫不逊色。

黑海沿岸是希腊殖民的天下

黑海沿岸的希腊殖民社会出现较晚，发展缓慢，且不断受到当地蛮族的骚扰，常常不得不与之妥协，故而与西边的意大利也就大相径庭。不过，黑海沿岸这边在发展过程中所仰赖的是多源移民，不像西边显得较为单一。比如在通向黑海的海峡地带，由于黑海的航行条件较恶劣，迈加拉和米利都这两个城邦，都在这一带占了些有利地盘。而黑海周围地区，除迈加拉建立的零星城镇外，悉由米利都等爱奥尼亚城邦控制。移民点多集中于北部的克里米亚和凯尔茨海峡地带，特别是有水路通向内陆纵

别具情趣的版画。画面展示了供奉给西贝尔的主要祭品：水果和饱含田野风情的乐曲。

稼穑女神西贝尔演奏她最喜爱的乐器。这位诸神之母，曾到过希腊亚洲部分的弗里吉亚，后于公元前6世纪进入希腊本土的万神庙。诗人品达罗斯常在夜间举行的祝祷仪式上，为她吟诵美丽的诗篇，姑娘们则与丰饶之神潘及众仙女齐声歌唱。

深的大河河口。布尔格和德涅斯特两河交汇处的奥尔比亚，便是这些殖民点中最大的一个。至于黑海东岸，在高加索山余脉的脚下，有三个很小的殖民村，与科尔基斯王国往来贸易，关系密切。

黑海四周几乎都是巴尔干矿石的集散地。主要市场是黑海西岸各殖民点，以及爱琴海色雷斯沿岸和亚德里亚海沿岸。其所售黄金则来自欧亚大陆腹地，靠近西伯利亚地区。粮食和水产也相当充足，小麦则主要来自草原深处的斯基泰（或译作西徐亚，即中国古代所称的大月氏）。

一般而言，东边比西边开化得晚，草原腹地的动乱常年不断。不过，东边的贸易，关乎希腊本土及海外殖民社会在某些方面的需要。因此，当务之急是努力使当地居民尽快适应希腊文化。被列为希腊七大贤人之一的斯基泰人阿纳卡西斯，就多次到过希腊。他在当地主张对希腊文化兼容并蓄，最后由于打算引入希腊神庙中的诸神之母——西贝尔女神，而惨遭杀害。

马赛城于公元前6世纪由福西人奠基，从此各方客商纷至沓来

马赛作为地中海北岸重要商港，很快就成为各种矿石的集散地，其中主要是来自卡西特里群岛（今法国的布列塔尼岛和英国的科努瓦斯岛）的锡矿石。马赛的发展集中在两条线上：一是以该城为中心的

通身珠光宝气的伊比利女王，嘴角浮挂一抹令人捉摸不透的微笑。这神态，好似反映了希腊文化与伊比利亚文化、迦太基文化在西班牙融合后，前景莫测。

地中海北岸；一是内陆纵深，沿罗纳河、索恩河、塞纳河一线的广大地区。随着殖民潮继续向西推进，一直被希腊人视为人间乐园的地中海西岸，逐渐进入大规模开发阶段。这主要是指法国埃奥省沿海地区。西班牙的恩波里奥姆城，此时也已颇具规模，它正扼守伊比利半岛——另一个矿藏集中地的咽喉地带，地理位置可谓得天独厚。

克尔特女王墓发现于法国科多尔省。出土的这尊青铜双耳爵（下图）和金质发夹（左图），是希腊商人送给女王的。它们表明了一桩事实：移居马赛的希腊人，与内陆高卢和更远的大不列颠之间的贸易，已包括了锡——炼制青铜器不可缺少的金属。女王的陪葬品中还有一些克尔特的本地产品，如女王“前往天国”乘坐的马车。

希腊在非洲殖民地的大型贸易

福西人除在西边的行动外，当时在非洲也建了一些希腊殖民点，如利比亚的舍哈特和埃及的诺克拉提斯。非洲不仅盛产黄金和高档首饰，而且有大批奴隶可供出口。因此，殖民点的开设规模日见扩大，为希腊本土和蛮族地区的大宗贸易，架起了一座座桥梁。

这种大型贸易在法国科多尔省出土的克尔特女王墓的陪葬品中，也得到证明。这批陪葬品里，有大型金质发夹，有“初创时代”生产的绝美青铜双耳爵，以及女王“前往天国”乘坐的马车。从这些文物可以看出，当时联结索恩河谷和塞纳河谷的陆路运输，已十分繁忙。运送锡锭的商人经过重要地段时，必须向当地高卢王侯交纳过境税。此外，马赛人还必定常给高卢人送些华美的贡品。不管怎样，在信仰天国之说的克尔特人的陪葬品中，出现精美绝伦的希腊青铜器皿，而且又是在“蛮夷”腹地，实在不能不令人拍案称奇……

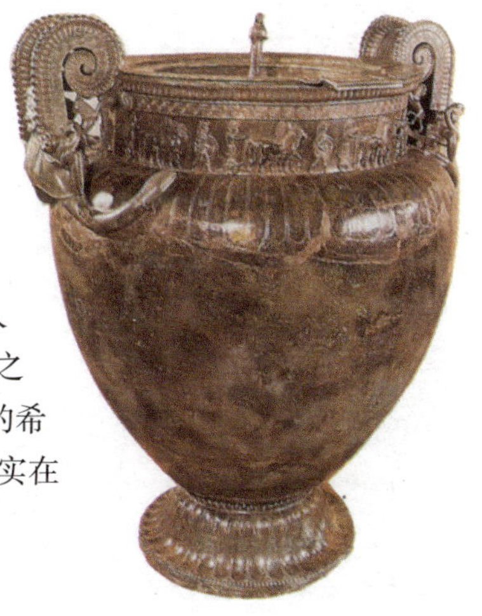

公元前6世纪末，
民主制度的雏形出现于希腊。
此一进步思潮植根于
克利斯提尼治下的雅典城邦，
但很快遇到严重干扰——波斯国王
大流士和薛西斯
对希腊的大举进攻，
以及希腊各城邦间连绵不绝的战争。

第三章
高超的平衡——现实与空想

鉴于多年的教训和苏格拉底的大力提倡，一种和全社会息息相关的新教育体制终于得以确立。

希腊是不会轻易忘却波斯的。公元前5世纪，波斯发动了两次战争，差点吞并希腊，在希腊各城邦造成的灾难，罄竹难书。当时的陶罐上，屡见带有波斯风情的图案。希罗多德所讲的历史故事和这些图案，都显示了一种介绍异国风情的新时尚。左图为大流士时代的波斯宫廷。下图为希腊士兵和波斯士兵厮杀的场面。

公元前490年，大流士派来一支舰队，意欲迫使希腊俯首归顺。舰队甫在马拉松登陆，便遭到雅典居民的奋勇抵抗，最后竟全军覆没。波希之间长达四十年的鏖战，由此开始

大流士为何派兵进犯希腊？穷兵黩武是这位波斯国王扩大疆土的一贯政策，这一政策且已在色雷斯、斯基泰和马其顿获得成果。但是希腊地处巴尔干半岛南端，从陆路来说，比上述地区距波斯更为遥

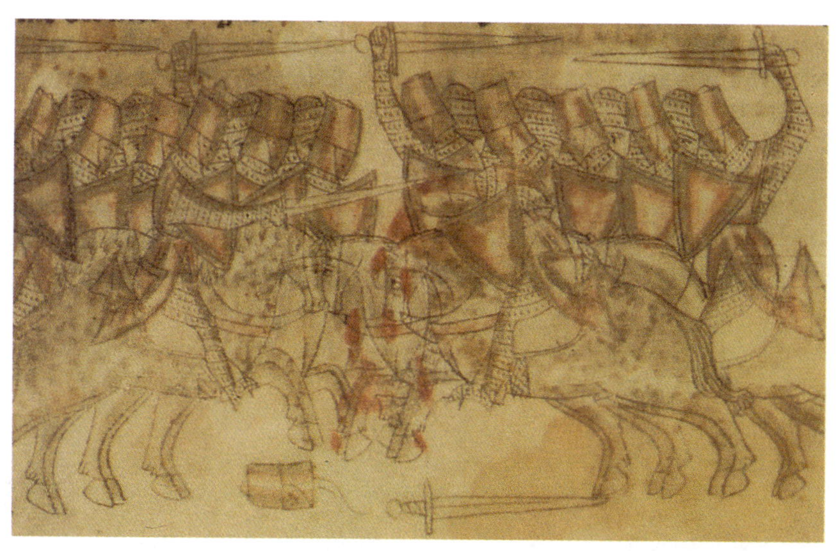

法国人作于18世纪的这幅彩色绘画，旨在表现雅典人大败波斯人的马拉松之战。可是，图中交战双方的装束，与中世纪的骑士相差无几，不符合公元前490年的实情。

远。大流士之所以欲将之除去而后快，是因为希腊的“自由社会”已成他心头之患。希腊人在小亚细亚建立的城邦，经他威逼利诱才一一投降，并入波斯版图。然而这些城邦并不甘心接受统治，时时盼望恢复过去的美好时光。公元前499年的爱奥尼亚起义，便是发生于此一背景之下。因此波斯国王必欲拔除希腊这颗眼中钉。他自恃国力雄厚，兵员充足，非弹丸之希腊所能对付，丝毫未把希腊人捍卫国家独立的决心放在心上。

马拉松一役惨败，物质损失事小，这口气却怎么也咽不下！大流士命令内宫总管，每天晨报提醒一次马拉松之辱，以表报仇雪恨的决心。然而天有不测风云，这位叱咤风云的西亚霸主突然卧病不起，不久便一命呜呼，再次远征希腊的雄图遂成泡影。这一遗愿只有等待嗣子薛西斯国王来实现。薛西斯果然不负其父所嘱，御驾亲征，水陆并进。千军万马在进入希腊之后，便以强大声势在温泉关首战告捷。斯巴达人

公元前480年的温泉关之战，显然是为了消耗敌人而采取的缓兵之计。斯巴达军民如何以寡敌众，打败波斯大军？法国画家大卫，把这场大战表现得淋漓尽致：士兵个个豪情满怀，在斯巴达王莱奥尼达斯率领下，决心与侵略者血战到底。上图为未经加工修饰的莱奥尼达斯半身塑像。

虽然浴血奋战，死伤惨重，仍未能挡住敌人锋锐之势。薛西斯不禁喜形于色，于是挥师南下，直指雅典。然而当波军抵达雅典时，薛西斯所获却是一座空城，城中居民已尽皆撤走。这当然大出其意表。他未曾料到，此刻的对手竟是一位胸富韬略的军事家——雅典人地米斯托克利。雅典公民大会决定弃守该城，改由海路与敌周旋，便是出于他的谋略。后来的战况证实，此计成功。31个宁死不屈的城邦组成的联合舰队，于公元前480年将波斯战舰全数歼沉于萨拉米岛附近海域。波斯国王闻讯伤心欲绝，只得丢下军队，带领贴身随从悻悻离去。留在希腊的波军，翌年又在普拉蒂亚遭到致命打击，溃不成军。希腊人于是乘胜追至小亚细亚，将波斯军悉数逐出各希腊城邦，这场战争方告落幕。至于通过外交谈判，签订正式和约，结束两国间的战争状态，

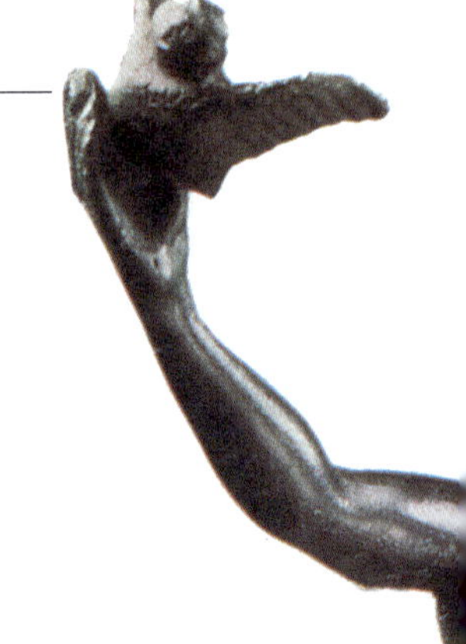

雅典卫城“胜利神庙”的群雕，不是神话故事，而是普拉蒂亚之战（公元前479年）的激烈场面。这一仗被认为是波希战争的第二大战役。此役波斯溃败，从此被逐出希腊。

则是30年以后的事了。公元前449年，经卡利亚斯多方努力，两国总算签订和平条约，史称“卡利亚斯和约”。

周身透出旺盛生命力的雅典娜。这尊青铜塑像是一件复制品。原作者为菲迪亚斯，雅典卫城的设计师兼雕塑家。

“雅典帝国”

此一战役中，雅典的贡献当在希腊各城邦之上；另一方面，雅典从中得到的好处，其他城邦同

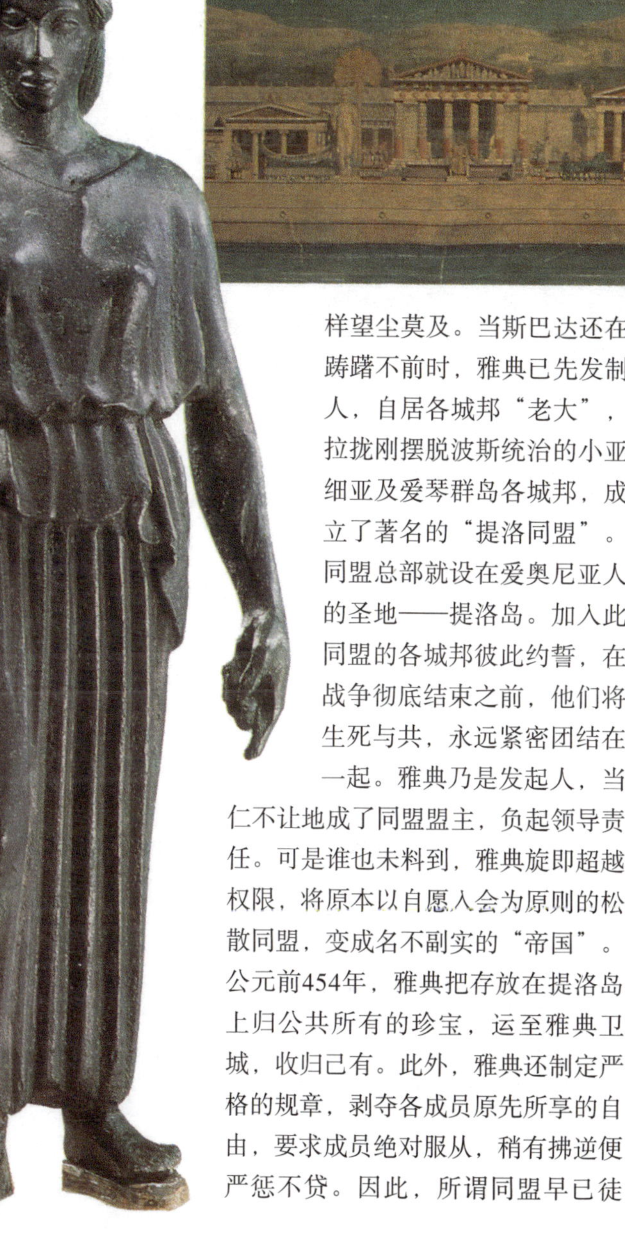

“提洛同盟”成立不久，雅典人把同盟的金库设于提洛岛。此时，该岛还显得相当荒凉。传说中，这座岛是阿波罗和阿尔忒弥斯这对孪生神明的诞生地，因此以宗教意义著称。未几，提洛岛成为沟通爱奥尼亚和意大利的商业中心。

样望尘莫及。当斯巴达还在踌躇不前时，雅典已先发制人，自居各城邦“老大”，拉拢刚摆脱波斯统治的小亚细亚及爱琴群岛各城邦，成立了著名的“提洛同盟”。同盟总部就设在爱奥尼亚人的圣地——提洛岛。加入此同盟的各城邦彼此约誓，在战争彻底结束之前，他们将生死与共，永远紧密团结在一起。雅典乃是发起人，当仁不让地成了同盟盟主，负起领导责任。可是谁也未料到，雅典旋即超越权限，将原本以自愿入会为原则的松散同盟，变成名不副实的“帝国”。公元前454年，雅典把存放在提洛岛上归公共所有的珍宝，运至雅典卫城，收归已有。此外，雅典还制定严格的规章，剥夺各成员原先所享的自由，要求成员绝对服从，稍有拂逆便严惩不贷。因此，所谓同盟早已徒

充满神话意味的战斗场面，常是艺匠着力表现的题材。城邦间不休的战争，为希腊文明打上了一道深深的烙印。

具虚名，成了雅典随意驱使的傀儡。公元前449年的《卡利亚斯和约》，本来明确宣布，此后完全恢复小亚细亚各城邦原先所享自由；然而雅典对同盟各成员课征的税负，竟然有增无减，强迫他们必须每年交付定额的“三层桨战船”，或等值贡赋。

一波未平，一波又起：伯罗奔尼撒战争爆发

因此，在这个“雅典帝国”内部，成员间的关系十分紧张。由于雅典独断专行，每当富足的较大城邦不愿受辖制时，彼此间的关系就会变得剑拔弩张。另一方面，雅典及斯巴达等伯罗奔尼撒诸城邦，及迈加拉和埃吉纳的关系也时好时坏。虽然在公元前446年，雅典和斯巴达暂时和解，却无法制止彼此间的小规模冲突。

一向目中无人、我行我素的雅典，自恃掌握爱

琴海的制海权，多次因利益冲突而对科林斯和迈加拉大张挞伐。科林斯和迈加拉忍无可忍，决心趁事未过迟起而自卫，与对手决一死战。长达30年的伯罗奔尼撒战争，遂于公元前431年爆发。由于雅典兵

西西里岛锡拉库萨城郊外的石牢。雅典舰队在附近海面战败后，不少官兵曾被关押在此。由于牢内饮食和卫生条件极差，绝大多数人因饥渴难忍，疾病难熬，终而成为异乡魂。

多将广，实力雄厚，科林斯和迈加拉最后只得求助于斯巴达。

至此，双方营垒分明：一边是推行民主制的雅典，拥有强大的海上舰队，并为提洛同盟盟主，对同盟各成员可以颐指气使；一边是伯罗奔尼撒推行贵族制的各个城邦，仰仗一队身披盔甲的重型步

海军是雅典的军事支柱。如下图这种灵活快捷的三层桨战船，雅典当时拥有数百艘，可随时派往远方海域，投入战斗。

兵。随着战火蔓延，卷入的地区日渐增多，战争的过程也变得十分复杂，不是三言两语可以说清。不过整个战争大体上仍可分为两个阶段。第一阶段，双方各有胜负，并于公元前421年签订和约，一切又恢复到战前状态。可是6年之后，亦即公元前415年，西西里城邦因与邻近地区发生战争，形势危急，特向雅典求援。雅典贸然派兵驰援，结果整个舰队中了埋伏，在锡拉库萨附近海面全军覆没。舰上官兵若非立即被杀，便是被卖至各地，沦为奴隶。经此打击，雅典元气大伤，兵员损失惨重，短时间内难以弥补。虽然如此，它仍然顽强地硬挺了9年，而未被斯巴达等敌方城邦立即压垮。可是“雅典帝国”毕竟气数已尽，同盟各成员也早已云散。雅典只得承认失败，在公元前404年交出战舰，拆毁炮台。

希腊独立地位丧失，各城邦分化

公元前5世纪，希腊各城邦曾一致对外，共同御侮，并大败强敌波斯。其后，以雅典和斯巴达为首的两大营垒，对抗作战达30年之久。进入公元前4世纪后，各城邦间时分时合，变幻不定；各个营垒也或聚或散，力量对比变化莫测。波斯国王此时已忘却当年的惨败，俨然以调停人自居，若无其事地活跃于希腊政坛上。然而城邦间互相残杀，又缠斗了50年。结果造成经济衰退，民不聊生，厌战情绪遍及希腊全境。

斯基泰人墓葬中发现的金质梳子。这类带有希腊和斯基泰双重风格的物品，在黑海沿岸的墓葬中常可发现。

打败雅典后，斯巴达成为各城邦的佼佼者，以其强大的军事力量为后盾，在希腊全境确立了霸主地位。然而斯巴达居功自傲，将军队长期派驻各城邦，给它们造成沉重的经济负担。各城邦怨声载道，反抗纷起。尤其斯巴达目光短浅，竟然接受波斯的小恩小惠，于公元前386年单独与之媾和，使公元前449年希腊同波斯签订的和约受到玷污。斯巴达在希腊的称霸，很快便难以维持。公元前371年，底比斯城邦联合各城邦，在留克特拉一举击败斯巴达的精锐步兵。希腊各派力量随之出现了新的均势。

与此同时，已在公元前404年正式投降斯巴达的雅典，又重建起一个新的同盟。此同盟给予各成员的自由不但比上一世纪的提洛同盟要多，而且也更有保障。因此连斯巴达也不得不予以承认。

设在维吉纳的马其顿历代国王陵寝，乃陵墓群中之举世罕见者。左页上图的象牙雕塑，显然是腓力二世的头像。他戎马一生，不但改变了希腊，也改变了整个巴尔干半岛的历史。公元前4世纪最大的陵寝，位于吕基亚境内桑索斯村的涅伊德斯陵，其陵内描述战争的大型雕塑可能确有所指。上图显示的是攻城场面。

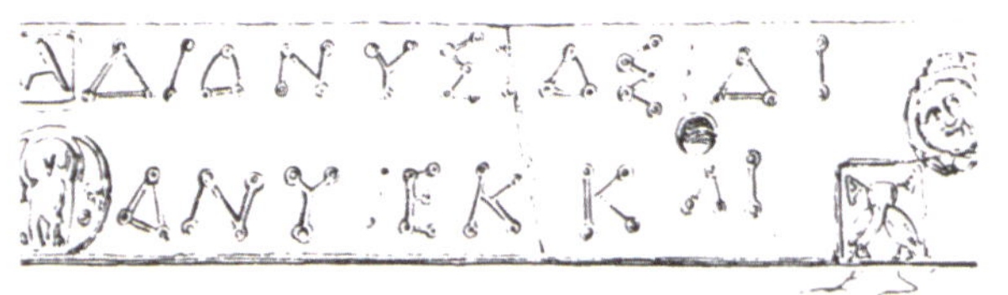

当时社会生活的佐证：法院判决通知（左图）。法官以抽签方式组成法庭，并于日出时在户外开庭。这种民众法庭的出现，是迈向民主的一大进步。

这样，留克特拉之战成了新旧时代的分水岭。此时，底比斯作为一个中等城邦，由于首领伊巴密浓达思想开阔，能征善战，以前所未有的战术大败斯巴达，遂登上希腊霸主的宝座，担任伯罗奔尼撒联盟的盟军首领。底比斯的称霸历时9年，到公元前362年，方因伊巴密浓达在曼提尼大战中负伤不治而告结束。这次大战把希腊稍具规模的城邦都卷了进去。

在此期间，雅典仍往来奔走于各城邦间，在国际政坛上扮演折冲樽俎的角色。但它却不时做些蠢事，使得新建同盟的成员纷纷离去，数年辛劳又付东流。紧接于这次受挫之后，波斯国王阿尔塔薛西斯三世，又于公元前335年强迫雅典签订新约。自此而后，雅典要想东山再起，只怕再不可能：因为此时马其顿的腓力二世刚刚登基，强大的马其顿帝国即将崛起于北方；希腊城邦仍然各自为政，不知威胁已迫近。这些城邦为了满足眼前利益而不惜大动干戈，经过近百年厮杀，如今已是百孔千疮。面对北方新贵腓力二世及亚历山大大帝父子二人的步步进逼，只能将大好河山拱手相让，再无逐鹿问鼎的能力。

在陶片上写下可能危害城邦者的姓名，投票通过后，将该人驱逐，这种方法称“陶片放逐”。上图为当时用过的陶片碎块。

公元前5世纪和前4世纪，殖民社会生机勃勃：雅典和斯巴达的不同政治形态，正是其多种多样发展模式的缩影

有人喜欢套用今日世界的两极现象，以突显雅典和斯巴达这两个截然不同的城邦。这样做未免有失偏颇。事实上，西边的移民社会此时正值鼎盛——例如在西西里岛颇富盛名的演说和喜剧便有深刻的历史源流。塞利农特两卫城中的神殿，雄伟壮观，撼人心魄！移民社会的边缘地带，一样文物鼎盛。如公元前480年，辛梅里亚人建于黑海凯尔茨海峡之博斯普鲁斯王国，所制工艺品大多带有希腊和斯基泰双重风格，雕镂精细，登峰造极。由于内陆克尔特人提供了良好的环境，公元前4世纪时，本已小有局面的马赛，在普罗旺斯沿海开辟了新的殖民点。辽阔的海外移民社会光彩夺目，与希腊本土迥然不同。

把由公民大会所产生的行政机构成员，分往各工作委员会的简陋装置。下图是推行工薪制，为民主制奠定框架的伯里克利。他头戴最高统帅的头盔，居高临下，状似密切注视民主制的进程。

主子解放其奴隶的字据，一旦刻在德尔菲神庙的墙上，便具有不容置疑的威严。古希腊以奴隶为主要劳动力，奴隶的劳动，在经济生活中占有举足轻重的地位。

雅典民主制的艰难历程

早在公元前6世纪初，政治家梭伦便已设立了一些新的制度，如从公民大会中产生行政机构，建立公众法院等。自彼时起，雅典公民权利不断扩大。此后，珀西斯特拉图斯执政期间，进一步扩充此权利的社会基础。克利斯提尼则鼓吹言论自由，主张“人人言论平等”，并就行政机构及其十大部门如何开展工作提出意见。

不过这一切都还停留在理论阶段。直到公元前5世纪中叶，体制的改革才随着伯里克利的积极推进而正式开展。首先是实行工薪制，对从事公共职务者大都给予报酬。这样一来，穷苦公民也可因工薪制的实施，而投身这方面的工作。此外，为促使全体公民关心国家事务，当时规定，这一措施也适用于水手、步兵和骑兵。从此而后，这些为国出生入死的士兵也可领到一份薪饷。总之，有了公民权便等于有了职业。

为了加强改革，当局还做了些具体规定。例如规定市政建设必须有助于丰富节日活动，必须为公民提供就业机会。公民只有得到工资、津贴或薪饷，生活方才有保障，无此，民主制所承认的各项公民权利便流于形式，终将无法实施。

公民大会是民主制的核心，是国家机器中最重要的一环。正如亚里士多德所说：“公民大会有权决定国家一切事务。”至于行政机构，则由公民大

会以抽签方式从大会内部产生。我们常说的执政官，须由公民大会产生，并受公民大会监督。公民大会不仅人数众多，成员也流动不定。然而这些代表大都未受过专门的政治训练，往往缺乏主见而易受巧言令色之徒摆布，刚刚就某项决定表示赞同，随即便后悔，这是一大缺憾。再者，整个城邦的公民人数也很有限，因为“外国侨民”即使连续几代定居雅典，仍和妇女一样不能享有公民权。因此，雅典的民主制度虽是全希腊最先进者，但实行范围狭小，受惠人数有

苏格拉底在人世间的最后时光。据柏拉图一篇著名文章所述，苏格拉底虽已被判处鸩刑，仍神色安然地与门徒侃侃而谈。他毕生未写过一篇文章，却是柏拉图观念论哲学的先驱。

限。然而，无论如何，雅典人彼此协议，并按照一定的法律程序，自己管理国家大事；以多数人通过的法律为准绳，根据每个人自身的认识和判断来决定各类事务。这在人类历史上毕竟是创举。

事实上，公民大会这一政策的贯彻，与“民众的领路人”和纵横家的实际能力有密切关系。伯里克利掌管公民大会将近30年。无论遇到什么事，他总能够向大会提出妥善的建议，使大会做出明智的决定，并设法让大会对所采取的措施持之以恒，善加维护。因此历史学家修昔底德曾说：“表面上推行的是民主制，实际上却是一个人在指挥一切。”伯里克利死后，像他这样一丝不苟、聪慧练达，与宙斯一样被冠以“奥林匹亚人”称号的人，便再也没有出现过了。在雅典议会讲坛高谈阔论的，不过是些无能之辈。非

关于斯巴达政治家利库尔戈斯的说法，究竟有多少历史真实性，现已无法查考。据说他是斯巴达早期平等社会的奠基人之一，而此平等社会在后来的漫长历史中经历了怎样的变化，就毋庸赘言了。

但如此，在公元前411年和公元前404年，贵族竟利用战争的爆发和战场的失利，两度玩弄阴谋，企图废除民主政体。

伯罗奔尼撒战争结束后，局势混乱。公元前399年，苏格拉底横遭诬陷，被控腐蚀青年思想，以及拒绝信仰城邦所供奉的神明，被判处鸩刑，成了乱局下的替罪羔羊。

到公元前4世纪，情况稍明朗。国家再次扮演保护人的角色，使担任公职者有更可靠的生活保障。公元前400年，经政治家提议，参加公民大会，履行了公民基本义务的人，也可得到津贴。然而，此时公民宁愿资助前往奥林匹亚参加竞技会的同胞，或前往德尔菲神庙求神谕的人员，也不愿出钱支援前线。尽管演说家在议会讲坛大声疾呼，公民对战争问题却日趋淡漠，有些人干脆拒服兵役。当局只得招雇佣兵，以解燃眉之急。

英雄时代的诗人利诺和缪斯，合歌唱、音乐、舞蹈为一。此文艺形式，在后来的抒情诗和悲剧中留下了痕迹。

人们普遍认为斯巴达城邦实行贵族制，然而其制度有颇多有益之处

斯巴达乃伯罗奔尼撒半岛上较大的城邦，城邦居民中存在着两个根本对立的族群：一是由国家分配土地的城邦公民，又称“平等者”；一是奴隶身份的希洛人。希洛人是多亚人迁来以前的原住民。城邦公民

从国家分得的土地，便由他们来耕种。城邦公民既为了确保奴隶绝对服从，也为防止外来侵略，大都过着军旅生活，不参与任何生产活动。此外，还有一类来自周围地区的移民，称为“佩里埃克人”。这些人在斯巴达城邦可从事一切生产活动，但不得耕种公民分得的“公共土地”。他们是自由人，但地位介于上述两类人之间，只享有部分公民权。

斯巴达的土地分配与众不同。城邦的“公共土地”均分给全体公民，其面积相当于整个欧洛塔斯河谷平原。查阅该城文献，均分土地的创始者，是颇具传奇色彩的政治家利库尔戈斯。这种土地制度反映了一种观念：每个人需有一块土地，方能得以生存。

柏拉图和亚里士多德师徒，正在门厅闲谈（右页上图）。此壁画为意大利画家拉斐尔所作，见于梵蒂冈一座大厅，题为“雅典学院”。

教员为学生教授文学、算术、音乐等课程。希腊公民常常兴致勃勃地去看戏，其实不足为怪，他们的确有较高的文化素养。

不过，和世界各地的情况相仿：创建伊始，除归城邦所有的“公共土地”外，一小撮贵族还拥有各自的庄园。由于家资殷实，他们常去参加奥林匹克竞技会，垄断多项运动的桂冠。因此在公元前550年左右，要求平分土地的呼声高涨，富有者不得不放弃奢华的生活，与外界的贸易往来也遭查禁，富商大贾遭到致命打击——因为财富的聚集主要由出售剩余产品而来。尽管少数贵族家庭的传统影响依然很大，“平等者”至此总算在斯巴达城内一统天下了。

可是任何形式的土地均分，都有消极的一面。公民若膝下无子，只得由女儿继承其财产。但为使死

狄摩西尼（下图）是雅典的演说家，爱国之士。

者留下的遗产仍保留在本家族内，这个被称为“非正统继承人”的女孩，必须嫁给一位与父亲血缘关系最近的亲戚。这样一来，这新组合的家庭所得的土地就会是两份或两份以上，而不是通常的一份。因此所谓“平等”，很快也就徒具其名了。日积月累，在妇女名下的土地为数相当可观。

因此从公元前5世纪开始，这一制度渐渐难以维持。公元前464年，希腊发生地震，希洛人趁机要求废除公民特权。到公元前397年，反对声浪越来越高：希洛人、佩里埃克人及沦落社会下层的公民，纷纷联合起来反对城内的“平等者”，结果遭到残酷镇压。虽然如此，时代前进的步伐，非任何力量所能阻挡。表面上，斯巴达城邦恪遵祖先制度，然而实际上，制度本身却静悄悄地改变着。从公元前4世纪起，根据新的法律，公民从国家分得的土地不得出售，但可典押。此禁一开，旧的斯巴达就已成明日黄花。

左图为希罗多德及修昔底德背靠背半身塑像。那个清醒的时代啊!人们已在考虑自己的命运了。右页上图为神态安详的柏拉图。哲学家是民主制度的保障（右页下图）。

创造勃发的“五十年时代”

从打败波斯到伯罗奔尼撒战争爆发，这50年是雅典历史上最富创造力的时期。不但如此，即使在伯罗奔尼撒战争之后，当雅典一败涂地，几近覆灭之时，创造激情未减，在某些领域继续独领风骚。伯里克利美称为“希腊学派”。

法国学者费奈隆（1651—1715）说过：“民众支配雅典，演说支配民众。”此话其来有自。随着民主制的发展，公民大会和法院中的发言空前活跃。此时，西西里演说家科拉克斯和特西亚已开始教授雄辩术。在公元前5世纪末及往后的100年中，因智辩士的崛起，演说艺术获得空前发展。当年那些代被告撰拟的法庭辩护词，至今仍存。雅典的杰出辩士狄摩西尼面对马其顿国王腓力二世的扩张野心，曾在议会讲坛慷慨激切，痛陈时弊，赢得阵阵

菲迪亚斯感人的作品不少，这座浮雕乃其中之一，作于公元前5世纪，正是人类开始农耕之时。如图所示，得墨忒耳和科瑞两位女神，怀着对人类的一片赤诚，把一颗麦粒交给童子特里托莱姆。这象征人类正式告别蒙昧时代。

掌声。希腊人在海内外圣殿举行的盛大圣会中，所发表的堂皇演说，如伊索克拉底的杰作《颂词》，也属这一范畴。但演说作为一门独立学科，所涵容的范围远为广阔。

与此同时，随着埃歇尔、素福克勒斯和欧里庇得斯等悲剧作家的出现，悲剧的发展也达到鼎盛。由于悲剧常借“英雄时代”的重要人物，对当代社会和人物大加剖析，故悲剧的发展对巩固民主制有积极作用。反之，民主制度的巩固，也为悲剧的日臻完善提供了条件。喜剧的取材则仅限于当时社会，所涉

及的问题往往无关宏旨。话虽如此，喜剧一旦触及热门话题，其观察有时倒也入木三分，发人深思，有利于促进社会名流的大讨论。此外，悲喜剧的发展同城邦的兴衰有着密切的关系。公元前4世纪，城邦内的公民意识每况愈下，悲剧便门庭冷落，前景黯淡，亚里斯托芬（公元前450—前385）那种对政坛和社会时弊针砭的辛辣喜剧也杳然无踪，随之出现的是以梅昂德喜剧为代表的新型喜剧。在其作品中，城邦不过为剧情和人物提供了日益考究的理想展示场所。

奥林匹亚神殿三角楣群雕故事：一天，一些半人半马怪，在宙斯之孙珀罗普斯与庇里托俄斯王爱女德伊达米的婚礼上，竟然轻薄年轻妇女，连新娘也未能幸免（如图所示）。所幸婚礼由阿波罗主持，见到阿波罗的严肃面容，这些半人半马怪只得把人放了。

史学鼻祖：希罗多德和修昔底德

“口传历史”公元前6世纪已出现，于公元

前5世纪由“历史之父”希罗多德（约公元前484—前425）发扬光大。希罗多德熟悉希波战争史，也精通海外异族史，讲述起相关典故和逸事，有声有色，精彩纷呈。

在希罗多德之后，修昔底德提出了明确严格的方法，以科学的态度解释历史事件。此方法为后来的历史学家，例如波利比奥斯，以及塔西佗等人所接受。他们一直希望能实现修昔底德的理想，使历史成为“终身得益的知识”。

每逢雅典娜节，雅典全城便沉浸在对雅典娜的崇敬中。节日中最隆重的仪式，是市民列队从“陶瓷区”向卫城进发，给雅典娜送上一套新的衣装。

希腊文“logos”一词有三个含义：语词、言说和理性

动人心弦的仪式。队伍随宗教乐曲的节奏，走到正殿门前，等待诸神在奥林匹斯山的欢宴结束后，来接见他们。菲迪亚斯在这雕塑里所表现的，就是当时虔诚之至的朝拜队列。

前苏格拉底时期的几位思想家，研究宇宙主要是根据爱奥尼亚和西方移民社会“初创时代”各学派的学说。人类思想的第一次飞跃，便是从这些思想家而前进到了智辩士学派，即前进到“启蒙时代”之前的“系统怀疑论”。苏格拉底也在这次飞跃中扮演了重要角色。他把日常生活提升到哲学层次。此后，在

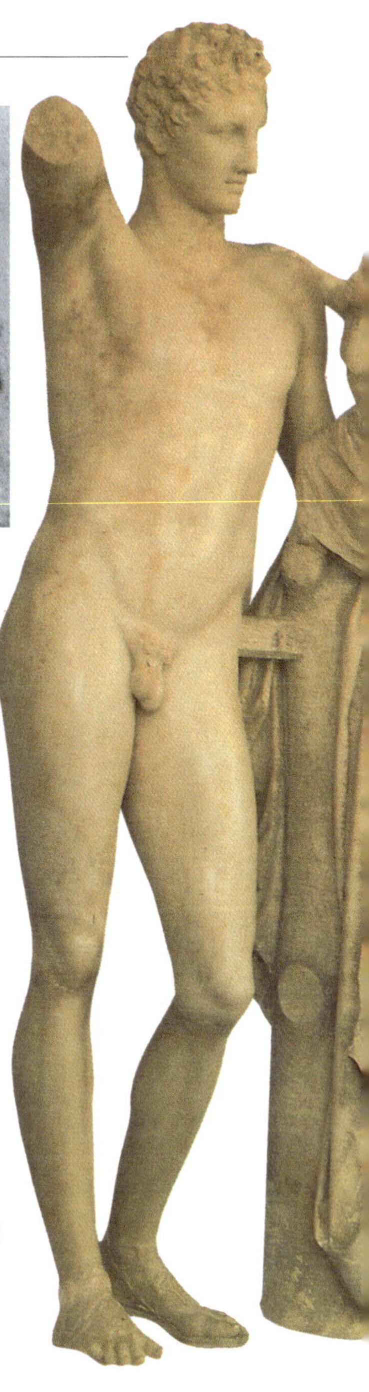

上述成就的基础上，人类思想实现了第二次飞跃：前进到柏拉图和亚里士多德所达到的高度。他们的著作博大精深，为人类视野的不断开阔，提供了丰富的养分。柏拉图首次提出了绝对观念论的命题：事实上，所谓真实世界不过是“理念世界”的反映；人只有透过爱和美的上升辩证，方可达到神的境界。柏拉图的门徒亚里士多德，则将兴趣集中于生物学上，并将人类思想分成若干类型。他们在学校里做研究，逐渐形成了一种称作“辩证法”的研究方法。此辩证法可使争论双方通过分析问题，而共同将研究深化。

在各项智识活动中，言说论辩占有独特地位，是这时期的一大特色，因此与民主制发展紧密相连的古代语艺意识便首度产生。这是因为，民主发展的首要前提乃是言论自由和言行的一致。

建筑师大显身手，诸殿宇气派非凡

新的建筑物不仅高大雄伟，而且装饰考究。这些建筑物中，最宏伟者首推伯里克利设计的雅典卫城。可惜他未能完成，由菲迪亚斯（公元前500—前432）续述其志。整个工程极为浩大：在卫城内建三座雅典娜神殿，卫城的入口为一高大建筑，围墙沿袭迈锡尼时代的传统，用巨石堆砌。三座神殿式样不同，风格迥异。其中既有对传统的尊崇，又有富现代精神的创新；既有多里亚的神韵，又有爱奥尼亚的风致。总之，卫城是雅典城邦财源富足、人杰地灵的体现，是雅典称霸全希腊的象征。

此外，每座建筑物上还留下了寓义深刻的群雕，以帕特农神庙所拥有的数目最多。神庙三角楣上

左页上图，诸神在奥林匹斯山小坐。左页图为赫耳墨斯手抱襁褓中的戴奥尼索斯。下两图分别为埃皮达鲁斯圆形神庙，以及利西波斯所雕的亚历山大大帝。这些作品都传达了时代气氛，一种神秘不安。

希腊的骄傲

气势磅礴的希腊建筑，无论是雅典卫城中的神庙，或是各城邦公民聚会场所——圣殿，我们都不由得击节赞叹（图中所示即为一例）。毁于波斯人之手的雅典卫城，明显带有伯里克利的色彩。他希望把这些宫殿造得无比辉煌，以无愧于雅典所供奉的神明。下页为奥林匹亚竞技场，一组依山傍水的建筑群。再下页为19世纪修复的菲迪亚斯杰作——雅典娜嵌金象牙雕像。

DU PARTHENON

的群雕，描述雅典娜如何创建雅典城，如何与叔叔波塞冬较量；柱顶空间则用来歌颂先人的丰功伟绩。

奥林匹斯艺术威严而庄重，宛如一个肃穆的世界，在这里，人的好恶之情受到节制。这正吻合“五十年时代”的氛围。然而，从公元前5世纪起，希腊艺术发生了变化。建筑也好，雕塑也罢，逐渐带有骚动的意味，恰恰体现了这时期开始出现的，弥漫在社会和生活中的动荡不安。

另一尊菲迪亚斯所刻的雅典娜雕像（左图）。右页下图为手舞足蹈的酩酊汉。

希腊人的宗教信仰在波希战争中大大增强

宗教的发展也反映了这种神秘的不安气氛。首先是神庙里的祭品突然增多，德尔菲神庙尤其明显。在波斯人来犯时，德尔菲神庙乃是希腊人的精神支柱，大大有助于克服战争所造成的严重困难。

宗教成为社会调节力量，有利于社会实现新的平衡。也正因此，早在珀西斯特拉图斯当政时，希腊人就以隆重的仪式，为所喜爱的神明举行盛大的祭礼。雅典的保护神雅典娜深受爱戴，人们不但在雅典卫城为她大兴土

埃勒西神庙祭礼堂是信徒为得墨忒耳和科瑞两位女神奉祀祭礼的地方。殿堂很大，由圆柱支撑，风格类似波斯王宫。信徒在祭礼中可得知有关“奥义”的含义，来日进入天国后，可在备受凡人崇敬的两位女神身边，享受极乐生活。

木，而且选定祭祀日大肆祭拜。此祭祀日，后来称作“雅典娜节”。在埃勒西为得墨忒耳和科瑞修建的神庙，不久也扩建，为这两位神祇举行的克里特式祭礼，逐渐流行。酒神戴奥尼索斯，同样深得人心。人们在卫城山坡为他修建神庙，规定了相关节日。每逢佳节，必定载歌载舞，隆重庆祝。

保护城邦安宁的神明和保佑城邦人丁兴旺的神明，同样受人重视。为各个女神举行的祭礼，皆根植于悠久的宗教传统，而且与四季的周而复始和成年礼仪有关。这种为农耕祝祷的祭礼，形式

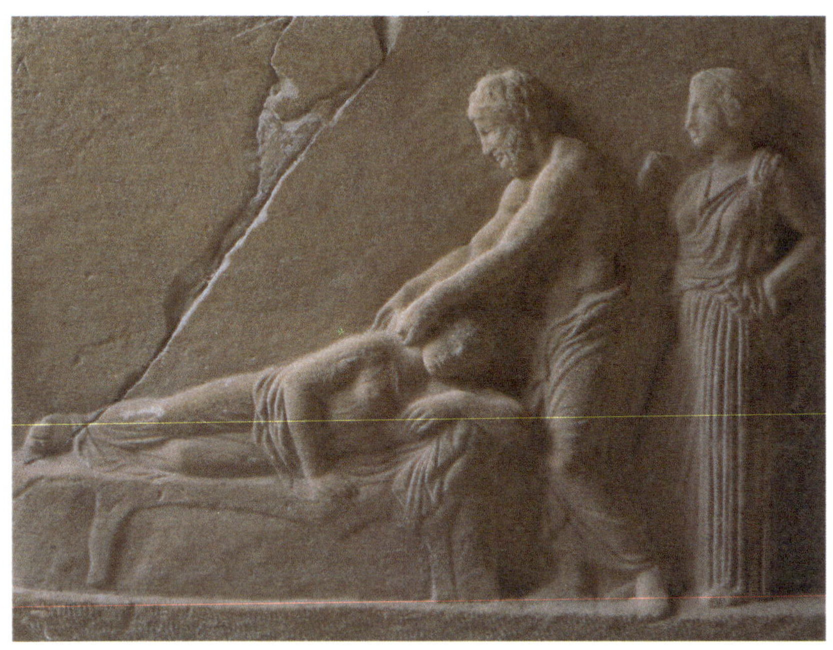

信徒的日常生活，是希腊艺术家乐于表现的题材。图为神医阿斯克勒波勒斯亲自为一名妇女治病。他传授的并不是什么长生不老的秘诀，而是如何拥有健康的体魄。因此，早在那时，希腊医生就为他们所从事的神圣行业，奠定了全部基础。

相当平稳，而人们想与神明直接交流的欲望，日趋强烈，难以在这种平静的仪式中获得满足。因此就发展出一种手舞足蹈，甚至近于疯狂的祭礼。

伯罗奔尼撒战争爆发后，形势迭迁，人员流动，与神明交流的要求更加强烈。于是，在历史悠久的万神庙中，一些神祇的神秘成分突然大为增强，戴奥尼索斯、阿佛洛狄忒和阿斯克勒波勒斯，重新受到信徒的重视。戴奥尼索斯终日被一帮疯癫的女人包围，并由于他与阿里阿德涅结合，而被视为可带来圣洁爱情的神明。阿佛洛狄忒则成了集情欲与生殖力于一身的神祇，可随意驱使任何人。至于阿斯克勒波勒斯，原只是泛泛的医药之神，但自从人们在埃皮达鲁为他建造了神庙后，每天前来祭拜的人数，在全希腊首屈一指。

可是神祇与信徒间的直接沟通，仍不敷人心所求。于是人们又转而寄希望于境外信奉的神祇。信仰系统庞杂的东方所信奉的神祇，特别受青睐；色雷斯、弗里吉亚、腓尼基和埃及奉祀的神祇，在希腊的信徒与日俱增。

这个史称“亚里士多德时代”的年代，以理智挂帅，人们习惯以智识解释困惑，但它同时也是首个向神祇强烈求助的时代。“非理性事物”所向披靡，“爱”“赎罪”“行净礼”“灵魂拯救”等语汇，开始主宰人生。

每个人的对应之道倒是各有不同：哲学家把世界视为虚无缥缈的追求，穷人和妇女却只能在欢闹的节日中，“品尝”一点打了折扣的“秘传教义”。

酒的魅力深深沁入希腊人的宗教信仰。图中，酒神戴奥尼索斯和阿里阿德涅柔情蜜意地相拥。他们传递出一条神秘的信息：爱使灵魂得救。左下图里，在奉有戴奥尼索斯牌位的简陋祭坛前，女祭司翩翩起舞，向这位给人间带来活力和欢乐的神明致意。希腊人对酒神的信仰已逾百年。早在迈锡尼时代，戴奥尼索斯的名字便已出现在祭祀牌位上。此后信徒有增无减。

马其顿国王主宰时局

新的局面强化了信教热忱，也孕育出超越城邦范畴的宗教一体运动。这种趋势对于城邦体制来说，无疑又是新的打击。最后，整个希腊落入马其顿国王之手。公元前338年，马其顿国王在谢罗内河谷一役获胜。此役标志着希腊独立城邦彻底消亡。马其顿国王安提柯的儿子德米特里一世，以胜利者姿态迁入帕特农神庙。谄媚小人在奏章中竭尽歌功颂德之能事，其中竟有如此亵渎神明、诋毁城邦的诗句：“其他神明若非远离，便是不恤吾民寂苦。啊，德米特里皇帝陛下，环视宇内唯使君，然则石雕木偶难与俦，乃汝有血有肉。”

希腊与后世

上述小人言论无耻之至。本书就此停笔，对希腊历史文化似乎有欠公允，毕竟希腊文化大有特色。然则，须知希腊文化也有消极一面。希腊人鄙视妇女，凌辱“蛮族”，残害希洛人，虐待奴隶等做法就不足取法。即使哲人如亚里士多德，也说过：“奴隶是会说话的工具。”

不过这里仍有两点必须指出：首先，希腊的历史并非在马其顿侵占后即告终止。希腊人成为亚历山大的忠实臣民、可靠盟友，不久便跟随他踏上征途，远征东方波斯。一个以“希腊多种创新”为特征的新世界，即“希腊化世界”，因而得以形成。希腊的法律，也在亚洲内陆和埃及推行，适用通行达300年之久。从亚历山大大帝去世，到罗马征服埃及，这段漫长的岁月被后世史家称为“希腊化时代”。

亚历山大大帝的远征影响了当时的“已知世界”，改变了从地中海至中东这片广大土地的文化风貌。亚历山大帝国瓦解以后，分崩离析的马其顿君主国，便成为传递希腊文化的基础。但我们应该知道，所谓“希腊化世界”，其实是希腊人与非希腊人、希腊文化与东方文化融合而得的结果。

其次，在西方的政治与文化之中，许多重要语汇和概念大都得益于希腊人的创造。政治、民主制和贵族制、悲剧和喜剧、哲学、历史、地理、数学、神学和秘传教义等，皆其著例。举凡有关的制度设计与学术发展，至今犹可见希腊文化的痕迹。上述这些概念与它们所蕴含的精神，事实上形成了后世欧洲人的知识体系和世界观，这是希腊文化对后世影响最为深远之处。

投石的波塞冬（左页图）。这尊风格严谨的青铜塑像出自无名氏之手。塑像再现了神明充沛的体力、冷静的仪表和满腔的自信。

可是几乎在同一时刻，大希腊波塞道尼亚的一位画家，却留下这样一幅神秘兮兮的画：一个正投向大海的人。等待他的自然是死，但也可能是生——进入所谓的“极乐世界”。

见证与文献

观景殿的阿波罗：希腊人理想美的完满体现

1755年，德国考古学家暨艺术史家温克尔曼（1717—1768）的处女作，论文《希腊绘画雕塑沉思录》面世。常被引用来品评希腊雕塑的名言“典以朴，澹而雄”，便出自此文。

温克尔曼在文中反对繁华富丽的巴洛克艺术，而提倡希腊人所崇尚的俭朴之美，主张以希腊的艺术理想为典范，追求“万古不变的永恒美”。

自温克尔曼以后，西方审美观焕然一新，复古运动于焉展开。后来的艺术、教育等皆师法古希腊，希腊风席卷全欧，“新古典主义”流派也应运而生。

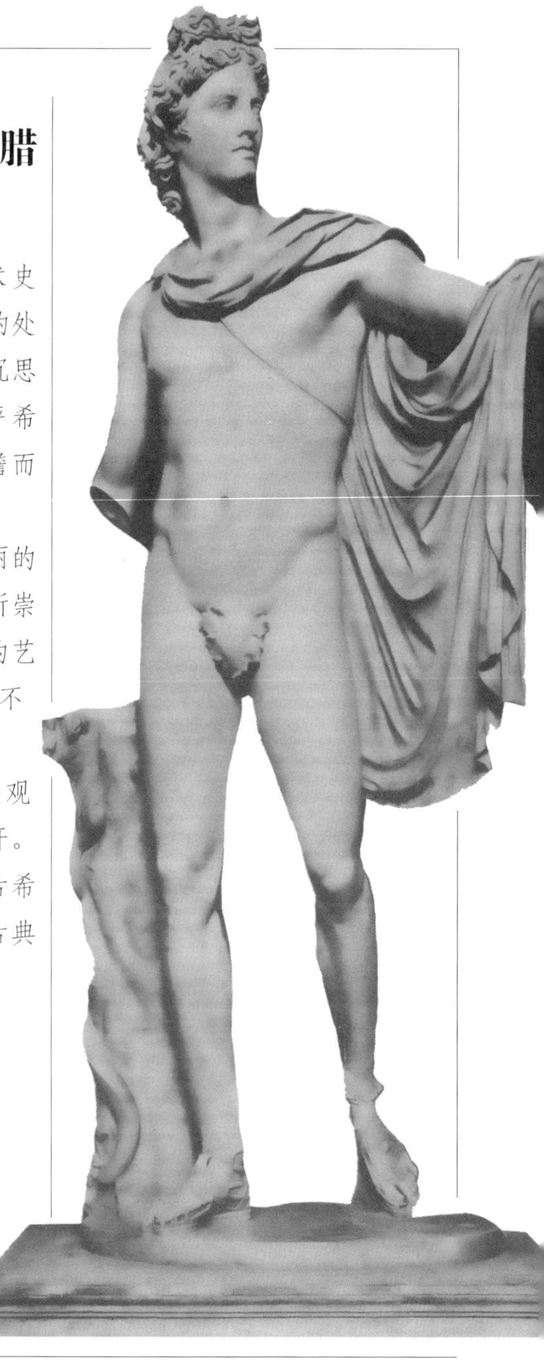

诸多历经数千年风雨而保存至今的艺术品中，阿波罗雕像最为精美绝伦。荷马关于阿波罗的描述令后世诗人望洋兴叹，后世雕塑家对这尊阿波罗雕像同样望尘莫及。

他的躯体好似终日沐浴在明媚春光中，周身洋溢着青春焕发的男性美，结构简明的四肢也闪耀着柔和的春色。

凡人如我辈，若想欣赏神灵的“无形之美”，唯一方法便是深入到这“无形之美”的天地中，亲自体验为天外神仙作画的乐趣。此天地中，没有任何东西符合人的尺度，万物皆非人所能理解。

你看这阿波罗，既无热血沸腾的样子，也无兴奋不已的神色，唯见天神的灵气，流贯周身。他甫追罢巨蛇皮松，在迅猛奔跑中，拉开他的巨弓，箭出蛇亡。欣喜之际，凝重的目光注视辽阔的天际，早已不记怀这区区猎物。唯嘴角好似掠过一丝蔑视的神情，鼻翼下方则透出一腔怒火，直达眉宇间。不过他的前额始终平静，目光异常柔和，仿佛身边围着一群向他示爱的缪斯女神。

人类艺术园地中，后世雕塑家还创造了不少有关朱庇特的作品。流传下来的作品无一可与这尊雕像所展现的风采媲美。

众神的特长如今似乎都集中在这尊雕像上：他那张面庞很有点像朱庇特，但又透出智慧女神的灵性。两道浓眉显现出坚强的意志。一对深陷的大眼，好似天后赫拉的双眸。而那小嘴，则与美男子勃朗库斯倾倒众生的嘴如出一辙。他美丽的头发，似乎经美慧三女神的纤纤细手梳理过，淡淡敷染一层诸神施用的脂粉，在风神泽菲尔呼出的气息下，微微飘扬。

见到艺术园地的这朵奇葩，我几乎忘却一切，不由得整了整衣装，以肃然起敬的神情目不转睛地凝视他。我像是得到某种启迪，顿感心胸开阔，眼界似乎忽然扩大。我又觉得像是到了提洛岛，徜徉在阿波罗到过的利西树林。

面对这尊雕像，我心中油然升起的感觉，竟如同皮格马利翁当年扔下刻刀，对着自己的雕塑如痴如醉的情景。啊，你这古今稀世之珍！如何才能将你描述清楚呢？看来要做到这一点，得由艺术之神给我一点灵感，使我这支秃笔也能生花。

恕我姑且将这不像样的素描呈献于你足下，恰如某些人本想为你戴上花冠，几番尝试不得，只好将花冠放在你的脚边。

温克尔曼

《希腊绘画雕塑沉思录》

雅典人的宗教生活

法国历史学家福斯泰尔·德·库朗日1855年所著的《古代城邦》，研究宗教在希腊、罗马的政治与社会发展中所起的作用，名噪一时，对19世纪史学思想产生过深远影响。书中认为，宗教是古代家庭和城邦赖以存在的基础。下文便是作者对雅典居民宗教生活所做的详细描述。

当然并非只有罗马人才畏惧神祇，希腊人对神明同样战战兢兢。罗马人及希腊人，当初都以宗教为纽带，而结成社会群体；原初的宗教熏陶和培育，在他们身上留下深深的烙印。众所周知，斯巴达人相当谨慎：出门远行必选望日，遇战事必先宰杀牛羊，反复求神问卜。再紧迫之事，即使一切已准备就绪，只要一有不祥之兆，便即刻罢手。雅典人的性情为人，与罗马人或斯巴达人相去甚远，在敬畏神明方面却颇为类似：每月的第一周，雅典军队绝不与敌交火；每逢战舰出海，海神帕拉斯的牌位必定漆得一片金黄。

希腊历史学家色诺芬说过，雅典的宗教节日比任何希腊城邦都多。喜剧作家亚里斯多芬也感慨良多：“雅典不但庙宇多，神灵的牌位多，奉献的祭品和节日的朝拜也多。一年到头，天天因节日而为神明大摆筵席，供品上插满美丽的鲜花。”柏拉图亦直陈：“我们不仅祭品送得多，朝拜队伍也花团锦簇，隆重异常。”总之，大庙小庙遍布雅典地区。庙内所奉祀的神祇，有的保佑城邦，有的保佑部族，有的保佑家庭。每一幢房屋就是一座神庙，每一寸土地都有一座神圣无比的坟茔。

雅典人一向情绪多变，反复无常，思想天马行空，可是对于旧传统、旧礼俗向来谨守不渝，丝毫不敢

这集中了宇宙神奇力量的三脚座椅，是阿波罗及其女祭司常坐的地方。希腊人在采取重大决定以前，必先请求神谕。

懈怠。祖先和古代英雄是他们主要信仰的对象。他们敬畏死人，每年新谷一登场，第一件大事就是以之祭祀先人。平时对待先人恭谨有加，不敢有半句不敬之词，生怕引起先人“不快”。总之，既往的一切对雅典人来说都神圣无比。每家都有本代代相传的记事簿，上面记载先辈所确定的礼俗和规章。这些礼俗和规章成了后辈的信条，不可逾越。若有祭司在神圣的祭仪中加新花样，结果必是罪不容赦。某些礼规虽然毫无道理，仍代代恪守不误。

“哑剧节”这一天，人们要模仿

忒修斯回到阿提卡的情景：一名传令官手持赫耳墨斯神杖，先仿照古例，在杖上绕花环，然后发出忒修斯当时可能会发出的声响，排成队列，每人手上托着一套据传忒修斯穿过的衣服。

雅典还有这样一个节日：每户都要在这一天熬一锅菜汤。此习俗流传甚久，意义何在谁也不明究竟，可是家家照做不误。

罗马人和雅典人都有“忌日”之说。每逢忌日不能嫁娶，不能有商业活动，公民大会不能开会，法庭不得审理案件。因此，每个月18日和19日便成了人们净化心灵罪恶的日子。在普兰特里节，人们还得把城内大的神明雕像用布遮盖起来。更有甚者，在雅典娜节，人们除了遮盖雅典娜，还得抬着神像排队转上一大圈，不论男女老少尊卑皆要参加。此外，每遇荒年或久旱不雨，或是瘟疫蔓延，还要举行各种仪式祈求上苍，为城邦消灾弭祸。

罗马有所谓的“先知预言集”，

雅典也有其“神谕集”。市政厅内供养一批能预卜未来的“道人”。大街上，“算命先生”、祭司和“圆梦者”随处可见。雅典人十分相信所谓征兆。如果做事的当儿，打个喷嚏或耳内出现轰鸣，这件事也就断乎做不得了。雅典人在出海前，总要占卜求签，问个吉凶。如果是婚娶，还要看看天空的飞鸟是否吉利。要是病了，一定会在脖子上挂个护身符。公民大会虽然隆重，但只要有人说天空出现不祥之兆，就会立刻散会。正在进行的祭礼，一旦被某个坏消息打断，就必须重新开始。

雅典人在开言之前，必先祝福一番。大会发言大都先要祈求本城邦所供奉的神明，然后才转入正题。若向民众讲话，则必求神降示。即便是大演说家，讲话时也必是张口女神谕旨，闭口女神降示……

福斯泰尔·德·库朗日

《古代城邦》

雅典卫城的祈祷

19世纪的法国哲学家、历史学家暨宗教学家赫南（1823—1892），曾接受神学教育，后来却因信仰危机而背弃了天主教。在当时天主教的传统看来，基督以前的思想皆是蛮夷之说。赫南初识雅典卫城之美，便激动不已，不顾宗教禁忌，写下一篇祷辞。这篇题为“一少年在得悉雅典卫城之精美绝伦时所做祈祷”的祷辞，收录在赫南60岁时出版的自传《少年追怀》中。

从山脚仰望雅典卫城，万般感慨油然而生：“人间如果确有乐园……那必然是这里了。”

“啊，我的雅典娜，你这集典雅、朴素、纯真于一身的理性与智慧女神！奉祀你的这座神殿，是良知和信义万世永存的摇篮。我接触到有关于你的‘秘传教义’如此迟晚，今特在你的祭坛前表示万分悔愧。为了寻你，此路何其漫长！当一个雅典人呱

呱坠地时，你便嫣然一笑，将‘秘传教义’授给了他。而我却是苦苦思索，长途跋涉之后，才得领受。

“啊，雅典娜，有蓝色明眸的女神！我生于蛮族家庭，父母是辛梅里亚人，如今住在滨海地带。那里峻崖林立，终日风雨如晦，阳光稀少，举目尽是青苔、海藻和五颜六色的贝壳，却少有鲜花。在铅灰色的天空底下，连欢乐也伴有几许悲凉。岩洞里冷彻肌骨的泉水汩汩地流出，四周的草场一片嫩绿，令人心荡神驰。

“多少代以来，我的先辈，在你的子民所不知的遥远海域，以捕鱼为

生。从孩提时代起，我便听惯了他们扬帆起航，前往北极地区时所唱的雄壮之歌。在歌声中，我仿佛看到一块块浮冰随风漂移，薄雾笼罩下的海面成了乳白世界。海岛点点，引吭高歌的禽鸟到处栖息；一飞起来，便铺天盖地，遮云蔽日。

“来自巴勒斯坦的异教教士培育了我。他们遇事审慎，行为高尚。由于他们孜孜不倦的教诲，我才对世界的缔造者克洛诺斯父子的身世略知一二。啊，雅典娜！为他们所修建的庙宇一望无际，每一座都比奉祀你的殿堂至少要大三倍。可是这些庙宇不够坚固，过了五六百年也就纷纷倒塌了。奉祀你的殿堂我尚未研究，但我感到这些庙宇中有神的存在。庙里唱的圣歌，我至今记忆犹新：‘你好，我们的北斗星……我们这些命运多舛的人，永远不会忘记你的恩德。’你瞧，雅典娜女神，一想起这些圣歌，我便五内沸然，不能自已。请原谅我的可笑。你由此可知，蛮族巫师编写的这些歌词，有多大魅力，我是费了多大力气，才踏上纯理性的光辉大道……”

尽管“女神作为真理的化身，曾受人类的膜拜达千年之久”，其一统天下的局面毕竟早已逝去了。时至今日，一些思想蛮悍之人，仍对信徒大张挞伐。赫南对此体会尤深，不过切望雅典娜能够原宥人类。赫南说：

“你这给英雄和天才带来活力的女神，请让我们成为道道地地的唯灵论者吧，世界只有回到你身边方可得救。

“身为你坚定的信徒，我将抵制加诸我的败坏指导。我将克服自己对民众的怀疑态度，克服我那宣布自己崇尚理性后，必会流露的急躁情绪。啊，雅典娜！艺术家竞相表现的楷模，我宁愿在你‘门下’做最没出息的‘门生’，也不愿在别处出类拔萃。

“是的，我将在你的殿堂里寻觅栖身之地，必要时我将为了你而不容异端。我将努力掌握你所使用的语言。与你无关的人和事，我将一概毫不留情，而你的孩子，即使最不成材者，我也甘愿为他做牛做马。总之，凡无关理性和纯技艺的情感，我将从心中彻底清除。我将不再把自己的弱点看成一朵花，不再自我陶醉，自欺欺人。啊，雅典娜！乐善好施的女神，以上是我坚定不移的决心，求你保守扶持。

“确实，有许多困难要克服，有许多看法要改变，有许多美好回忆要从记忆中消除！我将努力循此去做。不过，我对自己把握不大。啊，完美的女神！我找到你实在为时太晚，我可能会反复，会懦弱。有一种哲学——当然不是正经玩意儿——我曾信以为真：好坏，美丑，欢乐与痛苦，理性与疯狂，只有一步之差，非常易于转化。因此，什么都不要看得太重。既勿狂爱，也勿痛恨，方是明智之举。

“到目前为止，所有自认完美的人，全都错了。谁能狂妄地说，那未来不会像我们今天随意指点过去一样，也对我们说三道四？我说出如此亵渎神明的话，当然是因为思想糟朽透顶。不过一个人说的话，包括你说的话，无论多么‘健康’，除了引人烦恼，还能有什么用？

“你一定笑我太天真。可是这烦恼却是真……我们已经腐朽不堪，怎么办？正统女神雅典娜，恕我把话说得重一点，我的心已经彻底堕落。理性和良知已不敷需要。冰凉的特里蒙河水和色雷斯人的酩酊大醉，现在也能产生诗歌。你的信徒，很快就会被人视为‘烦恼的信奉者’。世界比你想象的要大。你要是看到极地的白雪，以及南国天空的奇异景象，啊！始终神态安然的女神，你的面庞就不会如此安详，你那宽广的胸怀，定会采纳各方之精华。

“我们因忘却这可恶的毛病，而坠入难以言喻的深渊。各国人民之所以涕泗纵横，因为他们确有伤心之事，而所有哲人的梦，都有若干真谛。世间的一切，不过是象征，不过是一场梦。神也和人一样，有消亡的时候，因此，让神明万世永存是毫无道理的。信仰永远不应成为套在人身上的枷锁。待诸神亡故，将信仰仔细‘卷入’那紫色棺裘中，也该算是仁至义尽了。”

赫南

《少年追怀》

1883年

青铜时代的拼音文字

克里特岛和希腊本土的氏族社会，曾产生几种较为复杂的表意文字和拼音文字。这些书写系统之间关系密切。克里特人的线形文字A和亚该亚人的线形文字B，是其中最为突出的两种。这当中，线形文字B又是从线形文字A发展而来的——克里特的誊抄人，为了把希腊语所表述的内容记录下来，把线形文字A做了适当改进。在近500年的使用中，线形文字B变化不大，显示了相当的稳定性。

在米诺斯曾相继出现三种书写系统。前两种为象形文字，后一种为线形文字（即线形文字A）。三种文字皆未被破译，人们甚至无法得知，这些文字分别记录何种语言。对于这三种书写系统的了解，一度仅止于假设：会不会是闪语族语言？早期印欧语系？或更古老的语言？

线形文字B，可能是公元前17世纪，在线形文字A的基础上发展起来的宫殿文字。最先在迈锡尼使用，亚该亚人征服克里特岛后，继续沿用。此文字有88个符号，其中大部分来自线形文字A。

1951年，英国学者终于将线形文字B破译出来，这是本世纪文字研究最了不起的成就。人们从中得出了几点结论。首先，记事书板上的文字，属于非常古老的希腊文，比《荷马史诗》还要早500多年。“首批希腊移

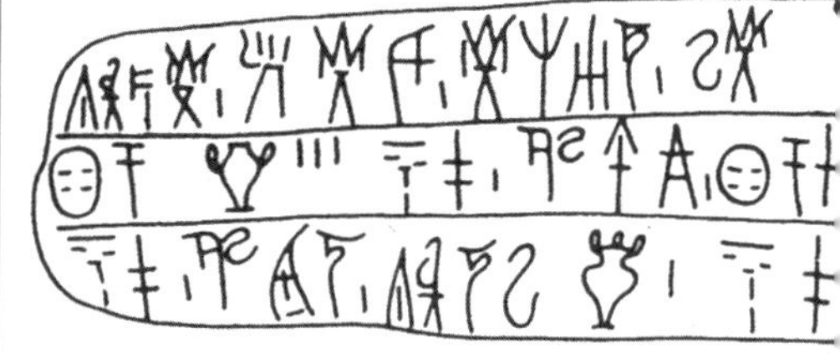

始终未被破译的线形文字A。

在黏土上记载事情的线形文字B。

民出现于公元前2000年”这个假说，由此得以肯定。因此，希腊语及爱琴海彼岸安纳托利亚的赫梯口语，皆属印欧语系。

我们手中的一大批资料，特别是经济活动方面的资料（如土地所有，氏族畜群的经营，铁匠的工作及其所受监督，以及奴隶的存在状况），如今终于可以读懂了……书板之所以无一块涉及宗教，是因为祭祀活动十分频繁，祭祀需用的陶罐、香和香油，皆由氏族金库支付。

这些文字似乎主要用于清点和计数。不过亚洲此时已开始出现辅音体系，可避免音节文字使用之苦，而且已发展得非常完备。此体系很快被爱琴海彼岸的“知识界”采纳，成为希腊各城邦使用的文字。

皮埃尔·莱韦克

迈锡尼时代书板所载诸神

迈锡尼时代书板对稍后时期的奥林匹斯诸神中各主要神祇几乎均已述及。许多神祇已各有自己的名字，而不再被人们以普通名词称呼。此时起，雅典娜不再用“女主人”的称谓，得墨忒耳也不再用“圣母”的称谓。其中有若干小神祇，如原名“大地之母”，专司接生的伊利蒂女神，后来得以流传下来。有些大神原来的普通名词称谓，则逐渐变成其别称，阿波罗的原名“颂歌”即为一例。未为文字所记载的神祇，则相继消失了。

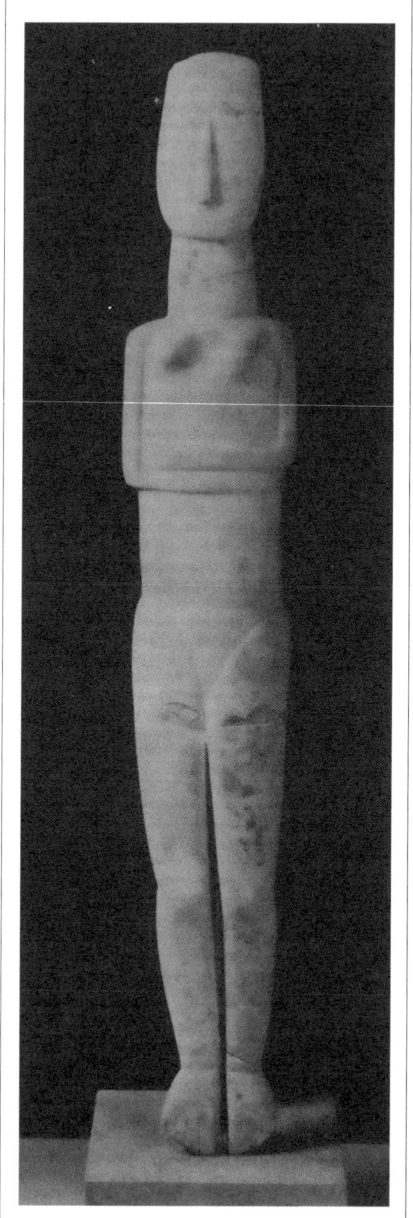

出现于陶器等器皿上的偶像，除了表现宇宙的内在力量，也讴咏万物的旺盛生命力。

神	对应女神	女神
奥林匹斯主要神明		
波塞冬 →	波西达雅	
宙斯 →	迪维雅 →	赫拉
阿瑞斯 →	阿勒雅	阿尔忒弥斯
戴奥尼索斯		雅典娜
赫耳墨斯		
赫菲斯托斯		
以普通名词称呼的神明		
瓦纳克斯（国王）	瓦纳索瓦（得墨忒耳和科瑞两女神）	
	波特尼亚（女主人）	
道珀塔（主人）	玛特尔泰雅（圣母）	
不易流传的神明……		
昂尼雅利奥斯	西特	
帕雅翁	尼里倪厄斯	
扎格列欧斯	伊利蒂	
斯民特斯	伊菲梅迪雅	
未能流传下来的神明		
迪里米佐	佩雷雅（鸽神）	
	色拉西（狩猎女神）	
神人		
特达尔		
蒂里塞罗（三次获神人称号）		

阿提卡陶罐图案的演变

雅典的陶罐图案，变化剧烈，发展迅速。在抽象的几何图形时期之后，装饰意味浓郁的东方风味独擅胜场。这之后，从公元前6世纪起，制陶艺人的注意力集中于如何表现人体。先占优势的是黑色人像——一种在红色陶土上焙烧出的黑色人像。公元前540年，工艺一反常道，在黑色陶土上焙烧出红色的人像。图案描绘得十分精细，可谓盛极一时。

左为公元前13世纪迪皮龙产双耳瓮。
中为大名鼎鼎的弗郎索瓦陶罐。
右为意大利茹弗产双耳瓶。

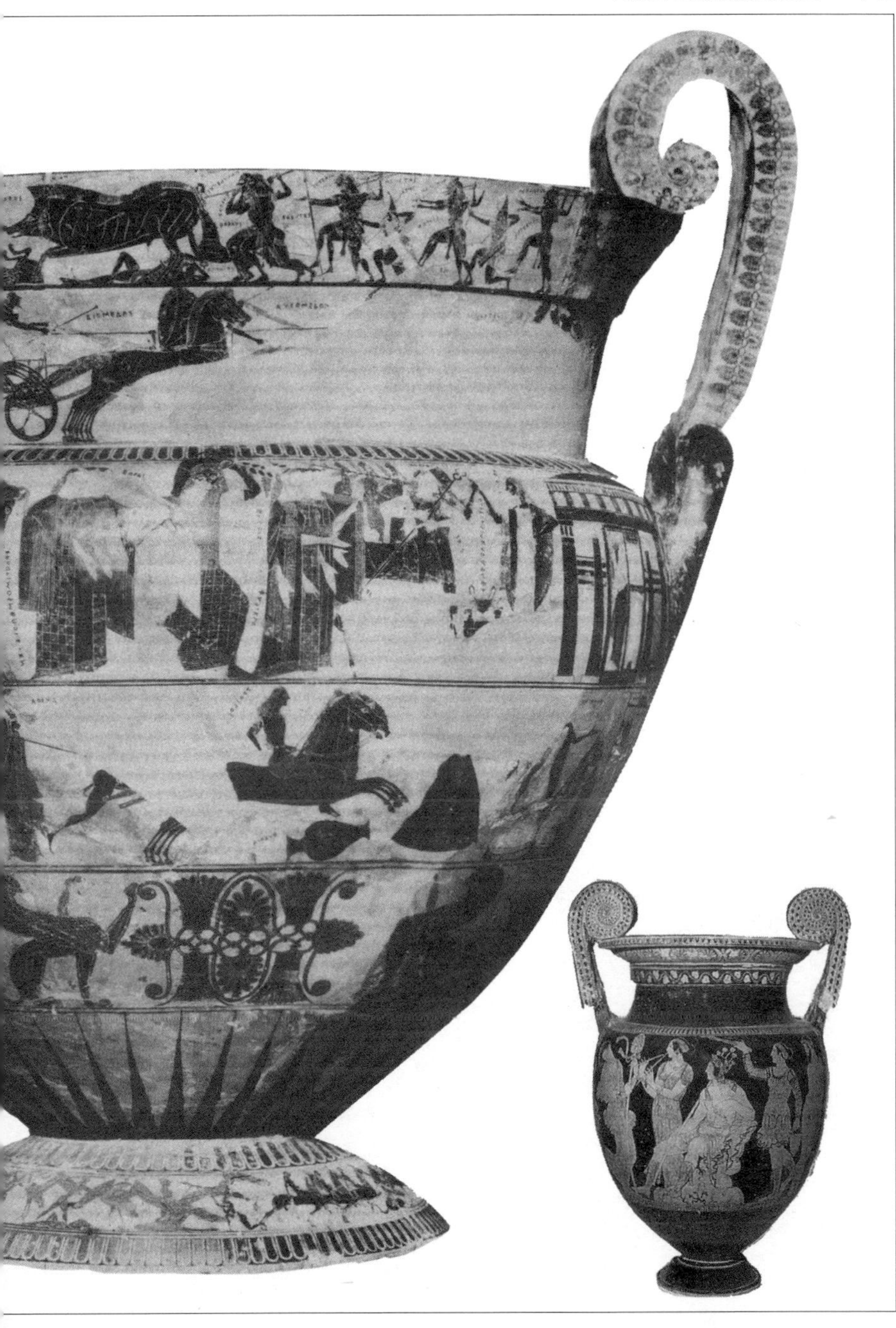

执政官暨诗人梭伦

梭伦不但在雅典建起了新型政体，而且为了解决当时的社会危机，还取消了穷人所欠的债务。他的诗作反映了他在雅典的大胆开拓，及他对贫富差距的公正思想。可惜这些诗作大都已失传，湮没于历史的尘埃之下。所幸亚里士多德在《雅典政制》一文中，大段援引梭伦的诗，现摘录该文部分段落如下。

1. 梭伦对待贵族和穷人不偏不倚——不但他人的文章全都这样看，梭伦自己也在诗中直言不讳：

“我已给予民众足够的好处，
他们所享的权利既不多也不少。
至于那些家产殷实的人家，
我也想使之避免不应有的损失。
我手握盾牌站在他们之间，
不让任何一方压倒另一方。”

2. 至于如何对待民众，他的观点也极其鲜明：

“管理民众时，如果既不管束太多，也不过于纵容，则他们对首领必定极其尊重。日子一好过，非分之想往往接踵而至；境遇忽然改善而不能正确待之者，尤其如此。”

3. 有人主张平分土地，梭伦对此发表如下见解：

“每个人都盼望着能分一杯羹，
并要我摆出决不心软的样子。
然而这一切终究是枉费心机！
须知暴君之专横为我所切齿痛恨，
任各色人等瓜分城邦沃土，
更为我所深恶痛绝。”

4. 随后，梭伦的诗谈到废除债务及奴隶因此而得到的解放：

19世纪
按照雅典钱币
复制的梭伦像。

“我聚集民众为之奋斗的目标，
我难道没有实现便已草草收兵吗？
在时间这位公正严明的法官面前，
奥林匹斯诸神的伟大母亲——
肥沃的土地——是我最好的证人：
插在田边的界标，我已拔除干净，
大地这昔日的奴隶，现已恢复自由。
许多人卖身为奴，失去自由，
我已让他们回到这神所建立的雅典。
他们卖身为奴，皆系环境所迫：
背井离乡，亡命天涯，
为人当牛做马，
性情暴戾的主人，动辄拳打脚踢。
然而由于我的努力，他们已得自由。
我做这事靠的是法律，既用强制，
又唤起人们的正义感。

我制定的法律，
不分贵贱，一视同仁，
沿着这条康庄大道，
人人皆可各得其所。
若执政官不是我堂堂梭伦，
而是个心怀叵测、贪得无厌之徒，
则此人势难适当管束民众。
我若对民众的对头投其所好，
或是按民众所望，对其横加勒索，
城邦许多公民定已愤然而去。”

5. 可想而知，双方都对他满腹怨言，对此他答道：

“平心而论，民众现在拥有的一切，
他们本来连做梦也不敢想……
而那些有权有势的富人，
却会对我倍加称赞，全力支持。”
“我像一堵墙，
立于虎视眈眈的两军之间……”

亚里士多德
《雅典政制》

诺克拉提斯：希腊在埃及的租借地

希罗多德出生于小亚细亚，是亚洲籍的希腊人，后来又前往雅典和西方。这两方面的经历对他都有重要意义：他从亚洲和爱奥尼亚哲学的传统中，掌握了历史学的研究方法，成了最初建立史学方法的历史学者之一。希罗多德平生最重要的旅行，是埃及之行。他对此经历难以忘怀，用《历史》的整整第二卷叙述他对埃及的考察。他的叙述帮助我们了解，希腊人在海外建立的殖民点，皆为名副其实的独立城邦。此外，商人还在具有贸易战略价值的地方，自当地政府手中租借土地，埃及的诺克拉提斯即为一例。

……（178）阿玛西斯对希腊人颇有好感，给他们提供了不少方便。比如，他让愿意定居埃及的人，集中住在诺克拉提斯。至于那些只想在埃及短暂逗留的人，他也提供地方，让他们安设祭坛，修建神殿。在希腊人所建的神殿中，规模最大、名声最响、参拜人数最多者，当推“希腊殿”。“希腊殿”由多个爱奥尼亚和多里亚的城邦联合修建。圣殿归这些城邦所有，附近地区所需的市场稽督，也由各城邦派遣。

1. 阿佛洛狄忒庙
2. 赫拉庙
3. 阿波罗庙
4. 狄奥斯科鲁斯庙
5. “希腊殿”

发掘结果显示，位于尼罗河三角洲的诺克拉提斯，在波斯人入侵之前，曾是希腊海外移民社会最富庶的城邦之一。图为经发掘复原的该城简图。

其他城邦也在诺克拉提斯建造了各自的神殿，如埃吉纳建了宙斯殿，米利都建了阿波罗殿即是。

（179）诺克拉提斯是埃及当时唯一的商港。要是有商人在尼罗河口外走错入口，他定会诅咒发誓，说这不是他要去的地方。然后，他会改变航向，取道克诺珀斯河口；若风向不顺，还得把货物卸到小船上，沿三角洲绕上一圈，方可到达诺克拉提斯。诺克拉提斯港的地理位置，就是如此神秘莫测。

……（135）罗道庇斯与萨摩斯人克桑托斯一起来到埃及。罗道庇斯来这里本是要当妓女，不料，抵达不久，一个名叫卡拉克索的米蒂利尼人，即司卡芒德洛尼莫斯的儿子，闺秀诗人萨福的弟弟，出了一大笔钱替她赎了身。就这样，罗道庇斯便在埃及待了下来，并仰仗其美貌而很快积攒起万贯家财……

希罗多德

《历史》第二卷

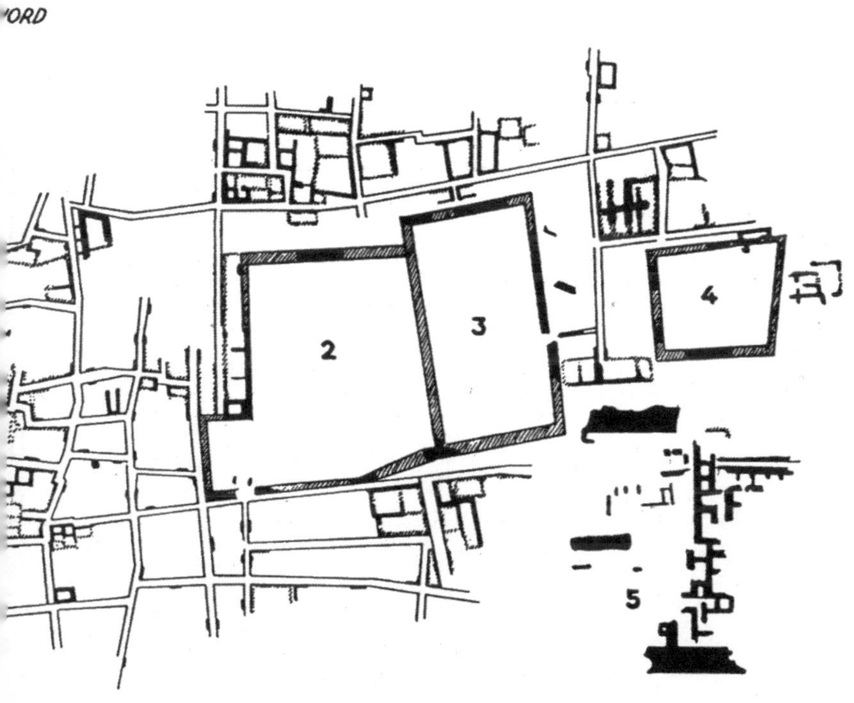

前苏格拉底时代两大思想家

赫拉克利特（Héraclite，约公元前540—前480）依循米利都学派前辈的观念，研究宇宙的原动力，得出结论："火"乃宇宙的原动力。他坚持"事物变幻不定说"，但最后又承认"万物归于一"：因为万物通过理性相互关联，自然界的一切也通过理性而发生。世界作为一个相互贯通的体系存在，所有事物之间，都有一种隐蔽的关系。所以，那些表面上"有分离倾向"的事物，实际上"正在向一处聚拢"。这也正是埃利亚学派领袖巴门尼德（约公元前515—？）关于"存在"的研究所得的结论。巴门尼德在诗歌《论自然》的序言中说，女神告诉他，"存在唯如此亦不可能不如此"的论断，是唯一可以信赖的探索途径。

……

从孩提时代起，赫拉克利特就表现奇特：小小年纪，他就一再表白自己一无所知。及至长大成人，他又声称无所不知。他自称无师自通，并说要达此境界必须寒窗苦读，无所不学。

《自然论》这本书据说乃他所作，谈的是万物、政治和神学。

6. 他把这本书题献给阿尔忒弥斯神庙。有人说，他故意把书写得晦涩难懂，以便缩小读者群，免得毁谤随成功而至。怀疑派哲学家提蒙（约公元前320—前230）这样描述他："赫拉克利特在他们当中，予人非同一般之感。他声音粗壮，动辄大声咆哮，而谈属隐晦。"亚里士多德的门徒，逍遥派哲学家泰奥弗拉斯托斯（约公元前372—前287）则认为，赫拉克利特是因为某些器官发育不健全，功能不协调，才造成了郁郁寡欢的性格。

犬儒学派的创始人安提西尼（公元前445—前365）在《继承》一文中也谈到，赫拉克利特把王位让给了他的弟弟，正说明他情操高尚。总之，他的著作大大有名。他死后，一个新的学派很快应运而生，得了个"赫拉克利特派"的美称。

7. 简言之，其学说的含义是：任何事物皆由"火"组成，最后又在火中化解。一切都是命运的安排，事物因对立面的统一而达到和谐。一切都

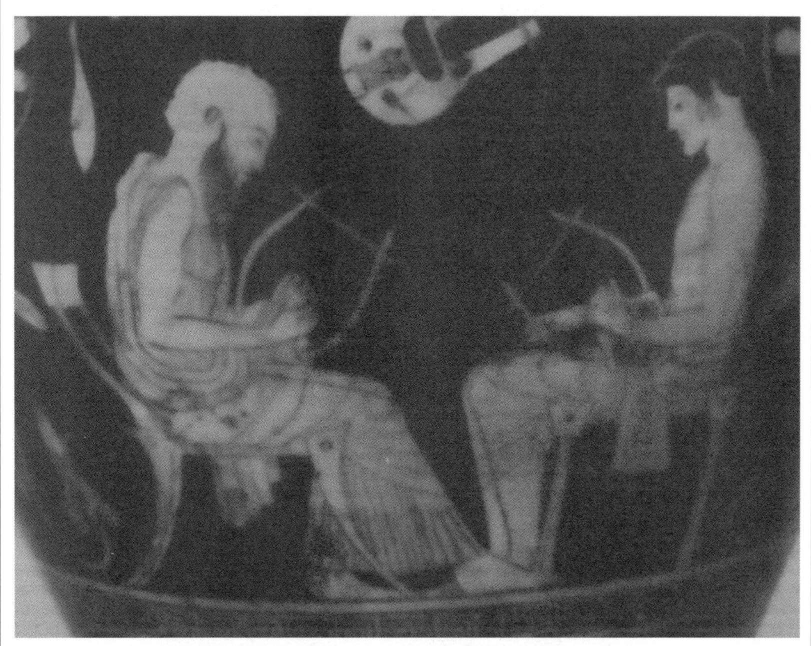

在希腊，诗歌与音乐素来密不可分。人们咏唱自然，咏唱神明。

充满生命力。宇宙万物皆可感知——太阳上的黑点便人人可以见到。他认为骄傲自满最可恶，而生活往往充满假象。他的话有时倒也说得非常明确，毫不隐晦，其话语之简洁、含义之深刻，为他人所不能及。

8. 细申之，赫拉克利特的学说认为，火是一种元素，万物皆可转化为火，通过膨胀或收缩而获得新生。但他并未将观点阐述清楚。他只是说，万物产生于对立，像河流一样，“流动”不停，且有一定的限度。因此世界是一个整体，产生于火，到事先确定的一定时期，又重新“燃烧”。一切过程都是命运的安排。

导致事物得以产生的对立面，称为“斗争”和“争执”；导致事物“燃烧”的对立面，则称为“一致”与“和平”。

万物变化，如同一条起伏不平的道路，时而上坡，时而下坡。世界的发展也同此理。

9. 火若“收缩”，便显得湿漉漉；若再收缩，便会产生水；而水一旦凝结，就变成泥土。此乃“下坡”。反之，泥土一旦化解，便会产生水，水又会产生其他元素。万物皆凭借大海而汽化，此乃“上坡”。

赫拉克利特未阐明天穹的性质，不过他认为，天穹中有一些洞穴，其凹陷处正对着我们。此凹陷处内的水汽一旦聚集在一起，便会产生火，也就是星球。

10. 太阳光最明亮，带来的热量也最多。其他星球因距离地球较远，因而较暗，热量较少。至于月亮，距地球虽然近，却没有在纯净的空间里运动；太阳则占据一块纯净的空间，与我们的距离也较适当。所以太阳光不但热量大，也明亮得多。

当天空中的洞穴对着“上面”时，就会产生日食和月食。月亮之所以会有圆缺，乃因为它所在的洞穴逐渐转动。白天黑夜，春夏秋冬，年年周而复始；忽而下雨，忽而刮风，这一切都是由不同类型的“汽化”所造成的……

狄俄热纳·拉艾尔斯

《赫拉克利特传》

论自然

套着几匹神马的马车，
如我所愿，
载我奔向远方。
一上路
神马带着我，
直奔“神明”大道。
穿过一座座
人烟稠密的城邦，
年轻姑娘为我引路。
车轮飞转，
咯吱的脆响
不时自车座下方传来。
太阳的女儿
已离开
夜幕笼罩下的琼楼玉宇，
随我奔向
阳光普照的天地，
以手撩开面纱。
一扇大门赫然在立，
门外便是
一条通向白天和黑夜的大路。
门框上方
横放一根粗大的“过木”，
其下是
巨石砌成的门槛，
两块高大的门扇
直凌霄汉。
女神狄克
怀里揣着钥匙
威武守在门边。
为了博得她的欢心与同情，
将这森严的大门开启片刻，
姑娘们只得苦苦哀求。
只听一阵隆隆声，
门扇忽然徐徐打开。
姑娘们于是一声吆喝，
马车顺利进入门里的大路。
女神和蔼地上前，
执我右手
向我说道：
“你好，
你这年轻人
由神马拉车，
仙女驾辕，
此次前来，
显然不是
命运之神与你作对，
违你所愿
将你推上这条道路。
你姑且在这儿走走看看吧。
我知道，
你凡事都想弄个明白，
因此在你得知
凡人的看法
全然谬误，
一无可信之处时，
切勿惊慌失措。
不过我仍要告诉你：
事物只会如此，
也不可能不如此。”

巴门尼德

2500年前的民主主义

雅典迈向民主政治的坎坷路程中，僭主、改革家与民众引导者次第出现，往来穿梭于历史舞台。其中又以下列三人最为突出：肇造黄金时代的珀西斯特拉图斯，三次上下政治舞台，由失败中汲取教训；开创雅典民主政治基础的克利斯提尼，首先铲除贵族特权，建立以人口为基础的政治组织；以“第一公民”身份影响雅典走向的伯里克利。

“僭主珀西斯特拉图斯时代，是黄金时代，这是每个人都称道的。”

——亚里士多德

1. 以上谈了珀西斯特拉图斯的僭主政治，当初如何建立，及其随后经历的变化。2. 如上所述，珀西斯特拉图斯处理国政颇为稳重，与其说他是暴君，不如说他是依法行事。衡情而论，他为人善良，对待违法者态度温和宽大。他曾拨款接济穷人，帮助他们种田维持生计。3. 他的目的有二：一是让穷人回到农村，分居各地，而不要在城市多作停留。二是让他们安定生活，全心全意忙于家务，无暇留心公共的事务。4. 与此同时，借着对农产品征收什一税，国库收入也必将随农地广作而迅速增加。5. 正因如此，他特意设立了区级法院，并常常亲自下乡巡视，就地调解争端，以免事主进城上告，荒废农事。6. 有个余墨图斯人的故事——他种的田后来被称为“免税田”——就发生在珀西斯特拉图斯某天下乡的时候。他见一人在深翻土地，但翻出来的尽是石头，深感奇怪，于是打发仆从询问：这块地究竟长的是什么？农夫答道：“‘长的’是痛苦和悲伤；珀西斯特

拉图斯也应对这‘痛苦和悲伤’征收什一税。”农夫当然不知道问者为何人。珀西斯特拉图斯有感于他的坦率和勤劳，因而免除了此人全部税赋。7. 再说，在他治理期间，他从未为难民众，而始终想使其安居乐业。所以人们交口称赞。珀西斯特拉图斯的僭主政治时代，是雅典的黄金时代。后来他的儿子继位，统治就严酷得多了。8. 他的最大优点是热爱民众，富于人道精神。在任何时候，他所考虑的都是如何依法治国，而没有赋予自己任何特权。

亚里士多德

《雅典政制》

克利斯提尼的改革，强调公民权利平等的原则，他在改革完成后去世。

（66）摆脱了僭主的统治之后，本已十分强盛的雅典，变得更强盛了。这时有两人最为杰出。一是出身阿尔克迈翁家族的克利斯提尼；一是出身名门的提桑德洛斯之子——伊萨戈拉斯。这两人为夺取政权而展开斗争。结果，克利斯提尼失败，于是他转而依靠民众。

接着，他把雅典原有的四个部族改为十个，并取消以伊昂四子之名命名的部族名称，即热龙、埃伊吉科列斯、阿尔伽德斯和荷普列斯，而改以当地英雄的名字命名。不过其中的埃阿斯并不是当地的英雄，克利斯提尼之所以以其名命名，乃因他是雅典人的邻居兼同盟者……

（69）以上就是西锡安暴君克利斯提尼所采取的措施。他的外孙沿用了他的名字。在我看来，这位外孙显然和他一样，也蔑视爱奥尼亚人，不愿让雅典的部族与爱奥尼亚人融为一体。因此，当长久被拒于国家政权之外的民众，大力支持克利斯提尼后，他便毅然更改部族名称，扩大部族数目，任命十位族长，并为十个部族划分了各自的区域。由于民众都支持他，他便轻而易举地战胜了对手……

希罗多德

《历史》第五卷

公元前433年局势诡谲，伯里克利决定放弃雅典的乡村，将民众撤进雅典。由于人口过分拥挤，战争开始的第二年夏天，瘟疫开始流行。

（65）伯里克利试图平息雅典人对他的不满，将他们的思绪从眼前的困难中转移。大会接受了他的提议，

不但不派代表前往斯巴达，而且加强了对前线的支援。

可是对老百姓而言，心中因不幸遭遇而经受的痛苦依然强烈。穷人如今连战争初期的那一点微薄津贴也没了；至于富人，他们在乡下的美丽庄园、庄园内的房屋及完备设施，都遭严重破坏。最难堪的，乃是战争久拖不决，战争使人怀念和平，日甚一日。显然，伯里克利若不公开认错，势将难以平息众怒。

然而世事就是这样反复无常。不久，伯里克利竟又被选入“将军会”，重掌国家权柄。这是因为雅典人此刻对自身处境已稍冷静，认为伯里克利仍是捍卫国家的最好人选。战争爆发前夕，他主持城邦事务期间，以深思熟虑的政策，确保了城邦的安全。他的治理使雅典达到鼎盛。

战争爆发后，有一点可以肯定：他知道雅典的力量何在。他在战争爆发两年半之后撒手尘寰，这时候，人们对于他的高瞻远瞩也就看得更清楚了。他曾告诫同胞：若想获得胜利，必须善于等待，同时设法扩充海军；决不可指望借助战争扩大疆土，让城邦冒任何风险。

可见，伯里克利由于生来聪慧，处事练达，廉洁奉公，而在当时享有很高威望。他因而能够对民众给予遏制，而又不损害其所享自由。没有人不服从其领导，或是为难他。他没有必要非法扩大自己的权力，因而从不对民众阿谀献媚。他的威严信实，对民众的要求敢于顶撞，不怕引起不满。每当他看到雅典人过于自信，便会大声叱喝，给他们敲敲警钟。反之，人民若缺乏信心，他也会多方勉励。因此在雅典，原则上说，是民众享有国家最高权力；实际上这最高权

领导雅典人民达30年的伯里克利，不仅智慧超群，

力，却掌握在“第一公民”手中。

其继任者就相形见绌了。他们当中没有一个人在国中享有威望，可是人人都想成为“第一公民”，因此，为了博取民众的欢心，只得在国家事务上唯民众意见是从。如此一来，结果也就可想而知。身为盟主的雅典随后便在许多事情上一错再错。特别是远征西西里，结果证明，此乃不智之举……

修昔底德

《伯罗奔尼撒战争史》第二卷

一个“老寡头主义者”的“贬损”

国家究竟该交由所有民众，冒因群众愚昧而步向危机之险，还是应由精英分子带领，而难免暴君专横之虞？雅典虽可谓世界民主制度的前驱，当时所实行的极端民主制度，也引起这样的争议。这篇题为“雅典政体”的文章没有署名，但作者历来被认为是反对当时极端民主政治，而被雅典人流放的希腊历史学家色诺芬。作者显然同意寡头主义者的思想，认为任何机制一定得由少数精英带领，方得以有效运作。文中对当时政坛所做的描述尚称公允。作者也认为，民众（他所说的“坏人”）理应有权表达意见。

1. 说到雅典人，他们为自己城邦所选择的政治体制，我大大不以为然。他们这样做，只是替“坏人”帮衬，而不是为“好人”站台。这正是我所不能苟同的。

不过，他们既已选择了这样的政体，我倒希望他们能坚持下去，使这种在其他希腊城邦看来完全错误的做法，也能圆满成功。

2. 我想一开始便把话说清楚：有人说，在雅典，穷人和民众的影响力大于贵族和富人，此话看来属实。因为战船之所以能够行驶，城邦能有如此强大的实力，靠的是民众。一言以蔽之，提供力量给城邦的，是这些造战船的人，是船长、舵手、船员和瞭望哨兵，而不是那些步兵、贵族等“好人”。

既然如此，让每个人都能通过抽

签或选举，而参与城邦管理，让每个公民都拥有发言权，岂不是顺理成章之事？

3. 不过，有一种城邦管理，如果做得好，则民众得益；反之，则民众遭殃。对于这种管理，民众根本不想参与——举个例子，雅典人普遍认为，无论是自行以个人身份，抑或抽签得中，而必须加入“将军会”或海军领导机构，皆属无利可图之事。因为民众深知，让最有能力的人操持这类事务，对他们反而更有好处。至于涉及经济利益的城邦管理，他们倒愿意参与。

4. 因此，有些人不禁感到奇怪：雅典人为何总将好处施与穷人和民众这些“坏人”，而不是给予“好人”？

这正是雅典人谨守民主政治的表现。因为民众（也就是穷人和下等人）的兴旺和人数的增加，将会加强民主制。而如果是富人（即“规矩人”）兴旺起来的话，民众却只能听任对手坐大。

5. 然而，任何地方的优秀人物，都与民主制水火不容。在上层社会，目无法纪的行为极其少见，即便如此，人们还努力提高自身素质。民众则不同，他们非但愚昧无知，缺乏教养，而且毫无秩序观念。确实，穷人易于堕落；这主要是生活贫穷，缺乏教育所致。

《雅典政体》

酒神节：疯狂的女人

德国哲学家尼采（1844—1900）认为，在希腊，具有太阳神阿波罗精神的人和具有酒神戴奥尼索斯精神的人，各占一半。此处所录，提示酒神节期间着魔妇女可能造成的可怕后果。欧里庇得斯是希腊三大悲剧作家之一，在他的作品中常出现恶狠的女人。然而他作品中的大多数男人，也并不比外貌可怖的妇女更值得敬佩，而是更为卑鄙。酒神节期间着魔妇女的形象，不仅在欧里庇得斯的作品中出现，在公元前5世纪制陶艺人创作的陶罐上也屡见不鲜。

女眷们一旦被戴奥尼索斯附魔，便会离开闺房，藏匿山林，生食所捕野兽，完全打破正常的生活和传统习俗。

庞特的母亲，女祭司阿加维一脸杀气，向他扑了过来。庞特一把揪住她的头巾，为了避免错杀，庞特抚摸母亲脸颊，哀求道："妈妈！你不认识我啦？我是你的儿子庞特。你说过，你还是在艾雄宫里生的我！妈妈，可怜你的儿子，不要只因我犯了点小错，便杀了我来做祭品！"然而被戴奥尼索斯附魔的阿加维，口吐白沫，两眼发直，显然已失去理智。庞特的话她置若罔闻。只见她两手握住庞特的左臂，一只脚踩住他的左肋，将整条胳臂使劲往上拉，接着她使出全身的力气又扭又拽——神这时也给了她力量。另一边，伊诺也在拉扯庞特的右臂。就住这时，一阵杂沓的脚步声，奥托诺艾领着一帮女人前来助阵。大厅里叽叽喳喳，一片叫嚷。痛昏过去的庞特，已是气若游丝。说时迟，那时快，只听这些女疯魔一声尖厉的叫喊，庞特顿时身首异处，身子被肢解得七零八落：一个女人喜滋滋地拿着他的一条臂膀，另一女人拿着他一只脚，脚上的鞋尚未脱下。皮肤剥离的两肋，露出鲜红的内脏。接着，一双双鲜血淋漓的手，在这残缺不全的肢体上，又是一阵你争我夺，可怜的庞特也就被她们瓜分了。山岩下一簇树丛旁扔着空躯壳，如获至宝的女疯魔们带着战利品不知去向……女祭司阿加维把儿子庞特的头颅插在祭祀用的神杖顶端，耀武扬威

地捧在胸前，那神态简直像是捧着一个雄狮的头向众人炫耀。她撇下狂舞的姐妹，带着令人毛骨悚然的"猎获物"，满面春风地向宫殿走来，说要晋见狩猎能手美男子巴乔斯，向他呈递这浸透了汗水的珍贵礼物……可是天哪！对于这样的女人，我是避之唯恐不及，我不愿看到她出现在我们这座宫殿门前。啊！请你们行行好，凡事留点分寸，莫要亵渎神明。我想，这才是我们凡夫俗子最得体、最明智的态度……

欧里庇得斯

《疯狂的女人》

公元前5世纪和公元前4世纪出产的陶罐，外侧图案丰富多彩。妙笔生花的制陶艺人，显然特具天赋，善于表现有关酒神节的题材，特别是酒神节期间的疯狂女人形象。

在制陶艺人笔下，这些女人在舞场上非同寻常的神情如此逼真，工匠们如实表现人们在着魔状态下的激烈动作和身不由己。这些动作，在陶罐上表现得非常自然，说明制陶艺人亲眼看到过那些狂热的场面。陶罐画上的姿态，无异于今日歇斯底里症发作的样子。

H. 查梅尔

《酒神戴奥尼索斯传》

撼人心魄的爱国演说

狄摩西尼在雅典公民大会上，猛烈抨击马其顿国王腓力二世的讲话，恐怕是古往今来最为感人的演说词。在这篇“千古绝唱”的结尾，演说家以铿锵有力的话语，号召雅典人立即行动。他说，他们现在只有两条路可走：或是悲观失望，自暴自弃；而这会造成什么可怕后果，任谁都非常清楚。或是面对马其顿国王的淫威，实行全城总动员，建立一支“公民大军”，取代不堪重用的雇佣兵。这篇言辞恳切、雄辩有力的发言，并未产生多大效果。此后几年，情况依然毫无起色……

42. 是的，公民们，我相信，腓力王这样做，一定是某位神明痛心于你们的无能，而授意于他。要是他因自己已赢得一切，把你们远远地抛在后边，而感到满意，并停下来歇一歇，要是他不再有什么希求，我想，你们当中一些人定会额手称庆，哪管我们这城市将因而蒙受耻辱！所幸腓力王一向我行我素，非得所欲而后止，但愿他的霸道作风，能稍改你们的无动于衷，使你们彻底醒悟。

43. 你们明明知道，战争爆发之初，我们本想狠狠地教训腓力王，并努力使这场战争对我们有利。现在，情况发展至此，我真不明白你们为何毫无反应，没有一点义愤？事情岂非够清楚了？要是我们不遏制他的贪得无厌，他是不会自己停下来的。因此，我们将何去何从？你们真的以为，派几艘空的三层桨战船，便万事大吉？

44. 我们还是不上船吗？迄今为止，我们这些人是从不参加战斗的，这种情况还要持续多久？我们就不能组成一支自己的部队，登船起锚奔赴前线吗？有人会问：“我们的船在哪儿靠岸？”当然是敌人最脆弱的地方。公民们，一旦我们投身战斗，敌人的薄弱环节，我们很快便可发现。如果我们总是待在这讲坛上，没完没了地互相指责和谩骂，那我们将一事无成，此乃极易想象的结果。

45. 你们应当看到，凡有我城邦公民参战的地方，总会受到诸神的保佑，因而战绩辉煌。反之，如果我们不派遣“公民大军”，而只派名“将军会”成员，那么此战必不能赢。因为此“将军会”成员带去的，只是一些空洞的命令和许诺，不会产生任何实际作用。因此，非但敌人不把他放在眼内，连盟邦一见到我们的船，也只会感到分外害怕。

马其顿国王腓力二世铸造的钱币。这位国王可说是雅典的死敌。

46. 单靠个人，成就有限。你当然可以空口许诺，随意断言，今天骂这个，明天骂那个。我们之所以一败涂地，就坏在这上面。一方面，“将军会”成员手下虽有雇佣兵，但你们不给钱，他如何指挥？另一方面，这里的人竟毫不脸红地为他们编造“战果”，并根据他们的所谓报告随意发号施令，这样一来，如何不败？

47. 怎样才能结束这混乱局面？公民们，你们要是能奔赴前线，不仅可目睹战斗的经过，而且可对士兵们的汇报做出自己的判断，这和仅靠别人提供消息大不一样。今天，我们的“将军会”成员，莫不受到极严厉的指控，可是他们当中，竟无一人愿在战场上同敌人做一次殊死战，哪怕是一次也好。他们宁愿像奴隶贩子或江

爱国楷模狄摩西尼，智慧超群，意志坚定。在雅典与马其顿侵略者决战的最后关头，狄摩西尼见败局已定，遂一剑结束了自己的生命。

洋大盗般被法庭处死，也不愿上战场为国捐躯。这对我们来说是多么大的耻辱！罪犯死于刑场，“将军会”成员死于沙场，岂非天经地义？

48. 如今各种谣言甚嚣尘上。有人说，腓力王已与斯巴达取得默契，准备击垮底比斯，瓦解维奥蒂亚；有人说腓力王已派人去晋谒波斯王；甚至有人说，他正在伊利里亚构筑工事。总之，各类无稽之谈不胫而走，其中有不少是随意编造的。

49. 至于我，公民们，我认为，他陶醉于胜利，而产生幻想。既然无人能阻止，他难免得意忘形。但我不认为，他会做出像那些谣言编造者所说的诸般谬事。

50. 因此，我们不应听信上述谣言，而应当牢记：此人夺走了我们的土地，是我们的死敌；他总是心怀不轨，每当我们联合盟友，他总是要突然插手，任意而行，使得一切都对我们不利。我们的未来，取决于我们自己。如果我们不立刻行动，奔赴前线奋勇杀敌，则战火必定很快延烧至雅典城内。若大家都同意我这看法，我们便应当机立断，莫要在漫无目的的演说中消磨时光。因为问题很清楚——若非人人肩负起“保家卫国”的责任，情况将日益糟糕。

狄摩西尼

《对腓力的首次抨击》

古希腊大事记

公元前4500—前2600年 新石器时代

公元前2600—前2000年 青铜时代初期

2580 首批希腊移民出现
米诺斯建立首批宫殿
线形文字A出现

公元前2000—前1580年 青铜时代中期

1700 米诺斯首批宫殿被毁
第二批宫殿开始出现
1700—1600世纪 线形文字B出现

公元前1580—前1100年 青铜时代末期

16—13世纪 迈锡尼宫殿出现，扩建
豪华的国王墓葬
1480 亚该亚人攻占克里特
1230—1220 特洛伊战役
1200 多里亚人迁徙
12世纪 迈锡尼宫殿被毁

公元前12—前9世纪 黑暗时代

1100—1000 希腊人向安纳托利亚海岸迁移
1100—900 铁器时代开始
“几何陶”早期形式
10—9世纪 荷马王朝形成

公元前8—前6世纪 初创时代

900—750 “几何陶”蓬勃发展
800 城邦孕育期
贸易扩大
776 奥林匹克竞技会
750 首批殖民潮
730 重装步兵首次投入战斗
8世纪 荷马和希罗多德时代
创造文字
8世纪 首批神庙出现
7世纪 东方化陶器出现
600 马赛奠基
7世纪末至6世纪 爱奥尼亚哲学家
抒情诗盛行
带黑色人像的陶罐出现
600—570 西锡安僭主克利斯提尼主政
594—593 梭伦在雅典推行改革
561—528 雅典僭主珀西斯特拉图斯主政
550 斯巴达退以自省
508—507 克利斯提尼在雅典推行改革

公元前5—前4世纪 鼎盛时代

499—493 爱奥尼亚反抗波斯
490—449 波希战争
480 希梅拉之战（在西边战胜迦太基）
477 提洛同盟成立
464 斯巴达奴隶起义
457—456 伯里克利推行民主改革
5世纪 戏剧和史学成就辉煌
前苏格拉底思想家与苏格拉底
奥林匹斯艺术
447—438 帕特农神庙建成
429 伯里克利逝世
431—404 伯罗奔尼撒战争与雅典衰落
399 苏格拉底被处死
404—378 斯巴达称霸
386 斯巴达与波斯单独媾和
378—371 雅典东山再起
371—362 底比斯崛起
362 伊巴密浓达之死
4世纪 雄辩术出奇制胜
从伊索克拉底到狄摩西尼
柏拉图和亚里士多德
新艺术出现
388 马其顿国王腓力二世在谢罗内大败希腊人
336—323 亚历山大大帝当政

（此年表系由原作者制）

图片目录与出处

封面

雅典战争女神。公元前445年。纽约大都会博物馆。

书脊

古代竞技者青铜像。公元前5世纪。希腊奥林匹亚作品。

封底

阿伽门农王纯金面具，迈锡尼文化时期艺术品。约公元前1550—前1500年。雅典国家博物馆。

扉页

1 牛头酒尊，克诺索斯出土。约公元前1700—前1600年。希腊赫拉克雷翁考古博物馆。

2—3 克诺索斯宫殿复原图。Arthur Evans绘，1935年。

4—5 同上。

6—7 皮洛斯城奈斯托宫殿复原图。Piet de Jong绘。

8—9 皮洛斯宫御厅复原图。皮埃·德·戎绘。

11 青年男子与仕女。古希腊绘画作品。巴黎装饰艺术图书馆。

第一章

12 赫拉克勒斯大战勒纳沼地的九头怪物。意大利画家Reni绘。卢浮宫博物馆。

13 多多纳神殿中手持长矛的宙斯神。公元前7世纪。雅典国家博物馆。

14 迈锡尼时期的青铜剑和矛头。版画。古斯达夫·弗热（Gustave Fougères）作。原载《古希腊和古罗马人的社会生活与私生活》（*La vie publique et privée des Grecs et des Romains*），Hachette 出版社，1894年版。

14—15 阿卡洛科里（Arkalochori）洞穴里发现的青铜斧。米诺斯时期，公元前16世纪。希腊赫拉克雷翁考古博物馆。

15 迪米尼的陵墓。

16 克诺索斯宫廷壁画上的祭司王。约公元前15世纪。

17 克诺索斯宫殿复原图。上：御厅；下：侍卫室。Arthur Evans绘。

18上 克诺索斯货栈。

18—19下 迈锡尼时期米诺斯人制作的器皿。约公元前2500—前2200年。希腊赫拉克雷翁考古博物馆。

19上 金挂饰，埃吉纳的珍宝。米诺斯时期，约公元前1800—前1700年。伦敦大英博物馆。

20 王后房内画有海豚的壁画，克诺索斯出土。公元前16世纪。

21上 《巴黎女子》（细部）。公元前16世纪。希腊赫拉克雷翁考古博物馆。

21下 描写庆典活动的壁画，克诺索斯出土。公元前16世纪。希腊赫拉克雷翁考古博物馆。

22 刻有线形文字B的书板，克诺索斯出土。公元前13世纪。伦敦大英博物馆。

23上 用金银丝镶嵌的短剑，上面刻有狩猎场面。迈锡尼时期，公元前16世纪。雅典国家博物馆。

23下 在腓斯特斯发现的文字书板（A面）。希腊赫拉克雷翁考古博物馆。

24 用巨石砌成的梯林斯城堡防御工事。

25 刻有线形文字B的书板，皮洛斯出土。公元前13世纪。

26—27 迈锡尼卫城的“狮门”。版画。古斯达夫·弗热作。出处同第14页图。

27 上 迈锡尼时期宝石王冠。公元前16世纪。雅典国家博物馆。
28 上 瓦斐奥的金杯。约公元前1500年。雅典国家博物馆。
28 下 迈锡尼王室墓葬群。版画。古斯达夫·弗热作。出处同第14页图。
29 迈锡尼时代纯金面具。约公元前1500年。雅典国家博物馆。
30 上 著名的阿特柔斯古墓。版画。古斯达夫·弗热作。出处同第14页图。
31 画有武士图案的陶器。迈锡尼时期，约公元前1200年。雅典国家博物馆。
32—33 远航图，锡拉宫西厅壁画。约公元前1500年。雅典国家博物馆。
34—35 赫拉克勒斯雕像，根据Bianchini叙述之传说所作。19世纪。巴黎国家图书馆。
35 上 赫拉克勒斯雕像（细部）。同上。
35 下 埃及陶罐。迈锡尼时期，公元前15世纪。马赛鲍尔利博物馆。
36 上 围困特洛伊城，根据浮雕绘制。
36 下 与三身巨人革律翁奋战的赫拉克勒斯，双耳尖底瓮细部。约公元前540年。巴黎国立图书馆。
37 阿喀琉斯在喷泉前守候特洛伊罗斯（特洛伊王子），彩盘细部。约公元前560年。卢浮宫博物馆。
38 下 丹德拉青铜甲胄。公元前14世纪。伦敦大英博物馆。
38—39 奥德修斯悄悄回家，与奶妈相认，心情异常激动。法国画家布格罗绘。法国La Rochelle博物馆。
40 上 宙斯和赫拉的木雕像，爱奥尼亚艺术品。萨摩斯博物馆。
41 宙斯和忒提斯。绘画。法国画家安格尔作。法国普罗旺斯Granet博物馆。
42 上 用黏土烧制的神庙模型，出自伏努斯古墓。约公元前2100—前2000年。塞浦路斯博物馆。
43 上 女神像。约公元前1800年。希腊赫拉克雷翁考古博物馆。
43 下 身边偎依孩童的两位女神，迈锡尼文化时期艺术品。公元前15世纪，雅典国家博物馆。
44 下 印章戒指，米诺斯艺术品，梯林斯出土。公元前15世纪。希腊赫拉克雷翁考古博物馆。
45 左 圣盒象牙盖，受迈锡尼文化影响的叙利亚艺术品。卢浮宫博物馆。
45 右上 用黏土烧制的神庙模型，出自科恰梯古墓。约公元前2100年。塞浦路斯博物馆。
45 下 耍蛇女神。约公元前1500年。希腊赫拉克雷翁考古博物馆。

第二章

46 汲水女人，阿提卡三耳瓶细部。公元前6世纪。巴里考古博物馆。
47 皮雷港阿波罗青铜雕像。约公元前520—前510年。雅典国家博物馆。
48 左 奔跑的重装步兵，阿提卡托盘细部。公元前6世纪。雅典卫城博物馆。
49 青铜锅，塞浦路斯的萨拉米城墓葬出土。公元前8世纪。塞浦路斯尼科西亚博物馆。
50—51 希腊移民分布图。Patrick Mérienne绘。
52 下 出殡场面，阿提卡双耳爵细部。几何陶。公元前750年。雅典国家博物馆。
53 上 同上。
53 下 锡拉岛双耳瓮。几何陶。公元前8世纪。巴黎国立图书馆。
54—55 荷马。法国画家勒卢瓦尔绘。卢浮宫博物馆。
56—57 斗鸡。法国画家吉罗姆绘。卢浮宫博物馆。
58—59 汲水女人。法国画家帕普特绘。卢浮宫博物馆。
60 青铜兵器，希腊阿尔戈斯出土。公元前750年。塞萨格尼基考古博物馆。
61 上 阿喀琉斯与家人告别，陶罐细部，希腊Vulci出土。公元前450年。伦敦大英博物馆。
61 下 荷马向希腊人吟诵史诗。法国画家大

第三章

91 马拉松骑兵战，《凯撒以前之世界通史》(*Histoire universelle, jusquà César*)插图。13世纪手稿。巴黎国立图书馆。

92—93 莱奥尼达斯在温泉关战场。法国画家大卫绘。卢浮宫博物馆。

93 右 莱奥尼达斯半身塑像。公元前490年。斯巴达博物馆。

94 普拉蒂亚之战，雅典卫城"胜利神庙"西侧中楣。公元前5世纪。伦敦大英博物馆。

95 左 雅典娜，苏格兰人Elgin由帕特农神庙搜刮回英国的古物。公元前400年。纽约大都会博物馆。

95 右 提洛风光复原图。法国建筑家Nenot绘，1882年。巴黎国立高等美术学院。

96 战斗场面。公元前4世纪。卢浮宫博物馆。

97 上 锡拉库萨石牢。版画。古斯达夫·弗热作。出处同第14页图。

97 下 雅典三层桨战船，浮雕底座。"鼎盛时代"作品。雅典。

98 上 马其顿国王腓力二世头像，象牙雕。维吉纳(Vergina)皇陵墓葬。公元前4世纪。色萨利大学博物馆。

98 下 金质梳子，索洛卡出土。公元前4世纪。

99 兵临城下，位于桑索斯(Xanthos)的涅瑞伊德斯陵内部雕塑。伦敦大英博物馆。

100 上 法院判决通知。版画。19世纪。雅典国家博物馆。

100—101 "陶片放逐法"所用之陶片。公元前4世纪。雅典Agora博物馆。

101 上 用于选举的设施。雅典Agora博物馆。

101 下 伯里克利头像。公元前440年。伦敦大英博物馆。

102 刻在德尔菲神庙墙上的奴隶姓名。

103 苏格拉底之死。Diotti绘。意大利克雷莫纳市民博物馆。

104 利库尔戈斯向斯巴达元老介绍未来国王。法国画家大卫绘，1791年。法国Blois博物馆。

105 师与徒，阿提卡彩盘细部。公元前4世纪。

106 雅典一学校，据一陶罐展开图绘成。古斯达夫·弗热作。出处同第14页图。

107 上 雅典学院。意大利画家拉斐尔作。罗马梵蒂冈博物馆。

108 希罗多德和修昔底德背靠背半身塑像。版画。古斯达夫·弗热作。出处同第14页图。

109 上 柏拉图头像。罗马朱庇特神殿博物馆。

110 童子特里托莱姆浮雕，雅典出土。公元前440年。

111 半人半马怪抱起新娘德伊达米，奥林匹亚宙斯殿西侧三角楣。公元前460年。奥林匹亚博物馆。

112—113 雅典娜节朝拜队列，帕特农神庙中楣浮雕。公元前442～前436年。卢浮宫博物馆。

114 上 波塞冬、阿波罗和阿尔忒弥斯，帕特农神庙东侧中楣。公元前447～前432年。雅典卫城博物馆。

114 抱着戴奥尼索斯的赫尔墨斯。普拉克西特利斯(Praxitèle)作。约公元前330年。奥林匹亚博物馆。

115 上 亚历山大大帝头像。利西波斯(Lysippe)作。公元前4世纪。

115 埃皮达鲁斯神庙复原图。水彩画。Alphonse Defraisse作。巴黎国立高等美术学院。

116—117 帕特农神庙西侧复原图。Marcel Lambert作。1877年。出处同上。

118—119 奥林匹亚的阿提斯(Altis)圣地复原图。Lanouxe作。出处同上。

120—121 雅典娜，帕特农神庙复原图。Louviot作。出处同上。

122 雅典娜。原由菲迪亚斯作于公元前438年。此处所见者乃罗马复制品，作于公元130年。雅典国家博物馆。

123 上 埃勒西神庙复原图。Victor Blavette作，1884年。巴黎国立高等美术学院。

123 下 手舞足蹈的酩酊汉，阿提卡陶罐图。公元前410年。那不勒斯国家博物馆。

124 阿斯克勒波勒斯替一年轻妇女治病。雅典国家博物馆。
125 上 阿里阿德涅与戴奥尼索斯，托盘细部。罗马Villa Giulia地方出土。
125 下 女祭司在戴奥尼索斯牌位前翩翩起舞，陶罐。公元前420年。那不勒斯国家博物馆。
126 投石的波塞冬。公元前4世纪。帕埃斯图姆。
127 投水者。壁画。公元前5世纪。雅典国家博物馆。
128 阿波罗演奏齐特拉琴。公元前4世纪。那不勒斯国家博物馆。

见证与文献

129 克诺索斯宫女王内室复原图。Sylvia Hahn作，1940年。多伦多安大略博物馆。
130 观景殿之阿波罗雕像。罗马梵蒂冈博物馆。
133 阿波罗坐在德尔菲神庙三脚座椅上降示神谕，希腊陶罐图。巴黎国立图书馆。
134—135 古代希腊游人。Vagnier作。1898年巴黎"沙龙"展入选作品。
136—137 雅典卫城入口，据Marcel Lambert复原图绘。古斯达夫·弗热作。出处同第14页图。
138 帕特农神庙西侧景观。版画。古斯达夫·弗热作。出处同第14页图。
140—141 线形文字A与线形文字B选载，摘自John Chadwich所著《破译线形文字B》(*Le déchiffrement du linèaire B*)，Gallimard出版社，《历史丛书》，1972年。
142 基克拉泽斯群岛崇拜之女性偶像。公元前2700—前2300年。雅典国家博物馆。
143 左和右 青铜小雕像，克里特-迈锡尼风格。卢浮宫博物馆。
143 中 陶土小雕像，克里特-腓尼基风格。卢浮宫博物馆。
144 下 狄皮龙双耳瓮。公元前13世纪。雅典国家博物馆。
144—145 弗朗索瓦陶罐。Ergotimos和Clitias制作。约公元前570年。佛罗伦斯考古博物馆。
145 下 茹弗带涡纹双耳瓶。约公元前410年。塔兰托国家博物馆。
146 希腊文碑刻。
147 梭伦像。巴黎国立图书馆。
148—149 诺克拉提斯城简图。选自Pierre Lévêque所著《希腊漫游》(*L'Aventure grecque*)，Armand Colin出版社，1989年。
151 利诺传授伊菲克莱斯音乐。陶罐绘画。约公元前480—前470年。德国Schwerin国家博物馆。
152 赫拉克利特像。版画。Desrochers作。
154—155 农耕图。古斯达夫·弗热作。出处同第14页图。
156—157 伯里克利在雅典向众人演讲。
158—159 各种荷马像。版画。19世纪。巴黎国立图书馆。
161 女祭司在戴奥尼索斯身边起舞，带涡纹双耳瓶细部。卡内亚画家绘。约公元前410年。塔兰托国家博物馆。
162—163 酒神节狂欢。Vasarri绘。1899年巴黎"沙龙"展入选作品。
164—165 钱币上的马其顿国王腓力二世像。巴黎国立图书馆。
166 狄摩西尼像。巴黎国立图书馆。
167 雅典娜与赫拉，雅典与萨摩斯所订条约插图。公元前4世纪。雅典卫城博物馆。

索 引

C

D

F

G

H

J

K

L

Q

S

T

W

X

Y

吉林省版权局著作权合同登记
图字 07-2014-4419

图书在版编目（CIP）数据

希腊的诞生：灿烂的古典文明 /（法）莱韦克塔著；王鹏，陈祚敏译. — 长春：吉林出版集团有限责任公司，2018.1
（发现之旅）
ISBN 978-7-5534-7755-8

Ⅰ. ①希… Ⅱ. ①莱… ②王… ③陈… Ⅲ. ①文化史－古希腊－通俗读物 Ⅳ. ①K125-49

中国版本图书馆CIP数据核字(2015)第128441号

发现之旅

XILA DE DANSHENG CANLAN DE GUDIAN WENMING

希腊的诞生：灿烂的古典文明

著　　者：［法］皮埃尔·莱韦克塔　译　　者：王　鹏　陈祚敏
出版策划：刘　刚　孙　昶
项目执行：孙　昶
项目统筹：孔庆梅
责任编辑：刘　洋　责任校对：孙骏骅　刘晓敏
出　　版：吉林出版集团股份有限公司
（长春市人民大街4646号，邮政编码：130021）
发　　行：吉林出版集团译文图书经营有限公司
（http://shop34896900.taobao.com）
电　　话：总编办：0431-85656961　营销部：0431-85671728/85671730
印　　刷：吉林省恒盛印刷有限公司
开　　本：880mm×1230mm　1/32
印　　张：5.75
字　　数：190千字
图 幅 数：180
版　　次：2018年1月第1版
印　　次：2018年10月第2次印刷
书　　号：ISBN 978-7-5534-7755-8
定　　价：35.00元

印装错误请与承印厂联系　电话：0431-84727696